KB262959

compiled by **GANADA Korean Language Institute**

Language PLUS
71-6, Jongno 2-ga, Jongno-gu
Seoul 110-122, KOREA

가나다 한국어 학원
☎ 02-332-6003 / Fax 02-332-6004
http://www.ganadakorean.com
ganada@ganadakorean.com

GANADA KOREAN LANGUAGE INSTITUTE is the first Korean Language
Institute in Korea since 1991, to be the only qualified, private school
dedicated exclusively to Korean language education.
<가나다 KOREAN> was created by GKLI's staffs.

• Price: 9,000 Won
• For all inquiries: Tel. (02) 742-0582 / (02) 3671-0595
                Fax. (02) 3671-0500
                E-mail. tltk@chol.com
                Homepage. www.langpl.com

ISBN 978−89−5518−376−4 14710
ISBN 978−89−5518−378−8 (set)

Printed in Korea

가나다 KOREAN WORKBOOK

For Foreigners

PREFACE

〈가나다 KOREAN〉으로 한국어를 공부하는 분들의 한국어 학습을 돕기 위해 〈가나다 KOREAN WORKBOOK〉 시리즈를 출판하게 된 가운데, 〈초급1〉과 〈초급2〉에 이어 이번에 〈중급1〉이 나왔습니다.

〈가나다 KOREAN〉은 교사와 같이 또는 학생 혼자서 CD를 들으면서 공부할 수 있도록 만든 교과서입니다. 〈가나다 KOREAN〉에서 배운 것을 보충하고 학생 스스로 확인할 수 있는 교재가 바로 〈가나다 KOREAN WORKBOOK〉입니다. 이 책을 통하여 꾸준히 연습하면 한국어 회화 능력과 더불어 문법과 쓰기 능력을 기르는 데 도움이 될 것입니다.

한국어 초급 과정을 마친 학생들은 중급 과정에서 좀 더 복잡하고 다양한 문법과 표현들을 익혀야 합니다. 자칫하면 지루해질 수도 있는 문법 공부이지만 워크북을 통하여 쉽고 재미있게 연습할 수 있을 겁니다. 그림 보고 문장 만들기, 상황 대화 완성하기, 자주 틀리는 표현 고치기 등의 문제를 풀면서 배운 것들을 확인해 나가기 바랍니다.

혼자 공부하는 분들은 뒤에 실린 해답을 보고 스스로 체크할 수 있습니다. 각 과의 연습과 함께 다섯 과가 끝날 때마다 복습 문제가 있어서 다섯 과의 문법을 종합적으로 검토할 수 있습니다.

〈가나다 KOREAN WORKBOOK〉이 한국어 학습자들에게 조금이나마 도움이 되기를 바랍니다. 저희 가나다한국어학원 교재 연구부는 앞으로도 계속하여 한국어 교재 개발과 교수법 개발에 힘쓸 것을 약속드립니다. 〈가나다 KOREAN〉을 사랑해 주신 많은 분들께 감사드리며, 한국어 교재 개발에 뜻을 같이하시고 〈가나다 KOREAN WORKBOOK〉을 출판할 수 있도록 도와주신 랭기지플러스에도 감사를 드립니다.

2006년 7월

가나다 한국어학원 교재 연구부

CONTENTS

CONTENTS

LESSON 1~30

~ 중/~는 중

1 그림을 보고 〈보기〉와 같이 문장을 만드십시오.

보기

공사 중입니다. / 공사를 하는 중입니다.

1.

2.

3.

4.

가 : 출장 준비가 끝났어요?

나 : 아니요, _______________

5.

가 : 여행지를 결정했어요?

나 : 아니요, 지금 _______________

2 '~ 중이니까', '~ 중이라서', '~ 중에는', '~ 중인데'를 이용하여 대화를 완성하십시오.

1. 가 : (전화로) 기다리고 있는데 왜 안 와요?

　　나 : 미안해요. 지금 ＿＿＿＿＿＿＿ 잠깐만 기다려 주세요.

2. 가 : 정 과장님 계시면 좀 바꿔 주세요.

　　나 : 지금 ＿＿＿＿＿＿＿＿＿ 이따가 다시 전화해 주세요.

3. 가 : 한국에서 운전할 때 전화해도 돼요?

　　나 : 아니요, ＿＿＿＿＿＿＿＿ 전화하면 안 돼요.

4. 가 : 한국 요리를 배우시지요? 이제 잘 만들겠네요.

　　나 : 아직 ＿＿＿＿＿＿＿＿ 잘 못해요.

5. 가 : 하숙집을 옮겼어요? 어디로 이사할 거예요?

　　나 : 지금 ＿＿＿＿＿＿＿＿ 가까운 데로 옮길 거예요.

3 〈보기〉와 같이 질문에 대답하십시오.

> **보기**
>
> 가 : 내일 꽃 축제에 같이 구경하러 갑시다.
>
> 나 : 내일은 학교에 꼭 가야 돼요. <u>시험이 있거든요.</u>

1. 가 : 내일은 무슨 파티예요?

　　나 : 미화씨 송별회예요. 미화씨가 ＿＿＿＿＿＿＿＿＿＿＿＿

2. 가 : 어디 가세요?

　　나 : 병문안 가요. ＿＿＿＿＿＿＿＿＿＿

3. 가 : 왜 부산에서 결혼식을 해요?

　　나 : 남자 친구 고향이 ＿＿＿＿＿＿＿＿＿＿＿＿

4 그림을 보고 보기에서 알맞은 단어를 골라 '~거든요.'로 이야기를 완성하십시오.

제 물건을 팔고 싶어서 여러분을 초대했어요. 제가 다음 달에 한국을

떠나**거든요**. 먼저 제 물건의 특징과 가격을 말씀드리겠어요. 여기 있는 옷장은

3만원에 드리겠어요. 저도 선배한테서 싸게 **1.** ______________________. 그리고

TV는 15만원, 냉장고는 20만원이에요. 좀 비싸죠? **2.** ______________________.

그리고 저희 고향에서는 쓸 수 없어서 팔려고 해요. 전압이

3. ______________________. 그리고 겨울 코트는 두 벌에 20 만원인데,

몇 번밖에 입지 않았어요. 저도 아까운데 팔아야 해요. 저희 고향은 날씨가

따뜻해서 겨울옷이 **4.** ______________________. 그리고 이 침대는 원하시는

분에게 그냥 드리겠어요. 저도 친구한테서 공짜로 **5.** ______________________.

그리고 가스레인지는 3 만원인데 사시는 분에게 그릇을 같이 드리겠어요.

이 그릇은 한국에 없을 거예요. 고향에서 **6.** ______________________.

～에 대해서 / ～에 대한

1 질문에 대답하십시오.

1. 가 : (서점에서) 3번 코너의 책들은 무슨 책이에요?

나 : ____

2. 가 : 언제부터 한국에 대해서 관심을 가지기 시작했어요?

나 : ____

3. 가 : 신문에 무슨 기사가 났어요? (지하철 사고)

나 : ____

4. 가 : 어제 친구하고 무슨 이야기를 하셨어요?

나 : ____

5. 가 : 한국 사람들을 만나면 어떤 질문을 많이 받아요?

나 : ____

6. 가 : 신문 스크랩을 하는군요. 주로 어떤 기사를 스크랩하세요?

나 : ____

7. 가 : 비자(VISA) 인터뷰에서는 보통 어떤 질문을 해요?

나 : ____

8. 가 : 오늘 회의는 무슨 회의예요?

나 : ____

2 그림을 보고 〈보기〉와 같이 문장을 만드십시오.

<u>어제 친구를 만나 가지고</u>

영화를 봤습니다.

1. 

라디오가 _________________________

고쳤습니다

2. 

가방에 _________________________

학교에 갔습니다.

3. 

옷이 더러워서 _________________________

____

4. 

____

5. 

____

3 〈보기〉와 같이 동사를 알맞게 고쳐 쓰십시오.

숙제가 어려워서 친구한테 __물어 가지고__ 했어요. (묻다)

1. 꽃병에 꽃을 ___________ 테이블 위에 놓았어요. (꽂다)

2. 돈을 ___________ 자동차를 살 거예요. (모으다)

3. 사과를 네 조각으로 ____________ 깎으세요. (자르다)

4. 가게에서 계산을 하는데 신용 카드가 ___________ 현금으로 냈어요. (안 되다)

5. 그 단어를 잘 ___________ 사전을 찾아봤어요. (모르다)

4 대화를 완성하십시오.

1. 가 : 크리스마스 때 좋은 계획이 있어요?

    나 : 같은 반 친구들을 _______________________________

2. 가 : 생일에 생각보다 손님이 많이 왔는데 음식이 모자라지 않았어요?

    나 : 좀 모자랐어요. 그래서 _______________________

3. 가(학생) : 선생님, 오늘 숙제가 뭐예요?

    나(교사) : 오늘은 자기 고향에 대해서 ___________________

4. 가 : 왜 휴가를 연기하셨어요?

    나 : 급한 일이 _______________________

5. 가 : 왜 갑자기 머리를 잘랐어요?

    나 : _______________________________

03

한 ~ 도
~ 말고 / ~ 지 말고

한 ~ 도

① 그림을 보고 〈보기〉와 같이 문장을 완성하십시오.

보기

500 원짜리 동전은 <u>한 개도 없어요.</u>

1.

주차장에 차가 ___________________

2.

교실에 학생이 ___________________

3.

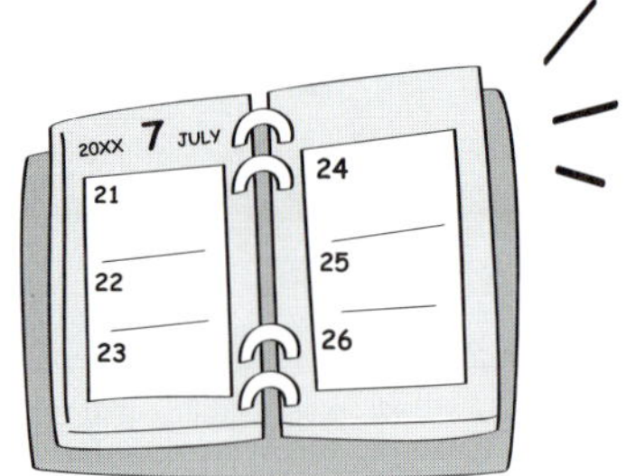

이번 주에는 약속이 ___________________

4.

아는 한국 노래가 ___________________

____

5.

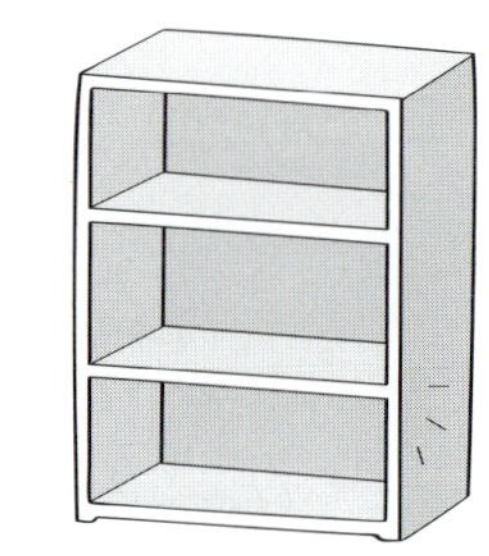

책장에 책이 ___________________

____

2 그림을 보고 〈보기〉와 같이 문장을 완성하십시오.

보기

내일 면접시험 보러 갈 때는

<u>바지말고 치마를 입으세요.</u>

1.

불편하니까 ＿＿＿＿＿＿＿＿＿＿

＿＿＿＿＿＿＿＿＿＿＿＿＿＿＿

2.

피곤하니까 ＿＿＿＿＿＿＿＿＿＿

＿＿＿＿＿＿＿＿＿＿＿＿＿＿＿

3.

조용히 하세요.

4.

산 지 얼마 안 됐는데 ＿＿＿＿＿＿

＿＿＿＿＿ 고쳐서 써요.

5.

＿＿＿＿＿＿＿＿＿＿＿＿＿＿＿

저에게 이야기를 해 보세요.

1. 가 : 생일 선물로 뭘 사 줄까요? 책이 어때요?

   나 : 책은 많으니까 _______________________________

2. 가 : 할 이야기가 있는데 내일 시간 있어요?

   나 : 내일은 약속이 있는데 _______________________________

3. 가 : 재활용 쓰레기는 오늘 버려도 돼요?

   나 : 아니요, _______________________________

4. 가(점원) : 잠깐만 기다려 주세요. 예쁘게 싸 드리겠습니다.

   나(손님) : 선물이 아니니까 _______________________________

5. 가 : 지금 야채를 넣을까요?

   나 : 아직 고기가 익지 않았으니까 _______________________________

6. 가 : 이번 회식은 어디에서 할까요? 지난번에 간 식당 어때요?

   나 : _______________________________

7. 가 : 커피에 설탕을 넣어 드릴까요?

   나 : 괜찮아요. _______________________________

8. 가 : 그 회사에 이력서를 내고 싶은데요. 직접 가지고 가야 해요?

   나 : _______________________________

~(으)ㄴ가요?/~나요?

1 대화를 완성하십시오.

1. 가 : _______________________________________

　　나 : 도착 예정 시간은 오후 2 시 30 분입니다.

2. 가 : _______________________________________

　　나 : 그 지방은 온천이 유명해요.

3. 가 : _______________________________________

　　나 : 아니요, 음식을 갖고 들어가면 안 되는데요.

4. 가 : 미안해요. 내일 모임에 갈 수 없을 것 같아요.

　　나 : 왜요? 무슨 일이 _______________________________

5. 가 : 이번 토요일에 같이 스키장에 갑시다. 눈도 많이 와서 좋을 거예요.

　　나 : 나는 스키가 없는데 _______________________________

6. 가 : 오늘은 너무 바빠서 시간을 낼 수 없는데요.

　　나 : 그럼 언제쯤 _______________________________

7. 가 : 순대는 한국에서 유명한 음식이에요. 한번 먹어 보세요.

　　나 : _______________________________________

8. 가 : 오늘 오후에 인천 공항에 가야 해요.

　　나 : _______________________________________

2 〈보기〉와 같이 문장을 완성하십시오.

> **보기**
>
> 사람들이 다 오거든 <u>시작합시다.</u>
>
> <u>문제가 생기거든</u> 수리 센터로 바로 연락하세요.

1. 도움이 필요하거든 _______________________________

2. 감기가 다 낫거든 _______________________________

3. _______________________________ 바로 돈을 갚겠습니다.

4. _______________________________ 다 같이 회식을 합시다.

5. _______________________________ 경주에 꼭 한번 가 보세요.

3 대화를 완성하십시오.

1. 가 : 이 책을 지금 읽고 있어요? 재미있겠네요.

　　 나 : 저는 다 읽었어요. _______________________________

2. 가 : 시험 결과가 언제쯤 나오나요?

　　 나 : _______________________________ 제가 알려 드리겠습니다.

3. 가 : 저 다음 주에 미국에 가요. 가면 아마 토미 씨를 만날 거예요.

　　 나 : 그래요? _______________________________

4. 가 : 선물로 받은 옷인데 나한테 안 어울리는 것 같아요.

　　 나 : _______________________________

5. 가 : (운전하면서) 어제 잠을 많이 못 자 가지고 좀 졸리네요.

　　 나 : _______________________________

05

~이/가 나다
~(으)ㄹ 테니까

1 그림을 보고 〈보기〉와 같이 문장을 만드십시오.

보기

사고가 나서 교통이 아주 복잡해요.

1.

2.

3.

4.

5.

2 대화를 완성하십시오.

1. 가 : 무릎에 왜 반창고를 붙였어요?

　　나 : 넘어져서 _________________________________

2. 가 : 아주 큰 손수건을 가지고 다니는군요.

　　나 : 저는 다른 사람보다 ____________________________

3. 가 : 왜 오늘 휴대폰을 안 가지고 왔어요?

　　나 : _____________________ 수리 센터에 맡겼어요.

4. 가 : (공항에서) 탑승 수속하러 갑시다. 준비하세요.

　　나 : ___________________. 여권을 안 가지고 온 것 같아요.

3 다음 이야기를 읽고 빈칸에 '나다' 또는 '내다'를 알맞은 형태로 쓰십시오.

저는 가나다 대학교 4학년에 재학 중인 권지호입니다.

오늘은 면접시험을 보는 날이어서 며칠 전부터 긴장이 됐습니다.

그런데 아침에 일어나니까 열이 조금 **1.** ___________ 배도 아팠습니다.

그래서 약을 먹고 집을 나왔습니다. 그런데 아파트 엘리베이터가 고장이

2. ___________ 10층부터 뛰어 내려갔습니다. 화를 **3.** ___________ 수도

없고, 기분은 안 좋았지만 서둘러서 면접 장소로 갔습니다. 그런데 이게

웬일입니까? 길에서는 또 교통사고가 **4.** ___________ 생각보다 시간이

더 걸렸습니다. 지각은 하지 않았지만 너무 걱정이 됐습니다. 제 차례가

돼서 면접실에 들어가서 사장님이 묻는 질문에 대답을 했습니다. 특별히

어려운 질문은 하시지 않았습니다. 그리고 사장님이 내 대답을 듣고 칭찬

을 하셔서 힘이 **5.** ___________. 아침에는 힘들었지만 결과가 좋을 것 같

습니다.

4 그림을 보고 〈보기〉와 같이 문장을 만드십시오.

보기

토요일이라서 <u>교통이 복잡할</u> 테니까 지하철을 타는 게 좋겠어요.

1.

____
빨리 청소를 해야겠어요.

2.

그 영화는 _______________________
_______________ 다른 영화를 봅시다.

3.

____
우산을 가지고 가야겠어요.

4.

____
사람을 불러서 같이 옮길 거예요.

5.

____
산보다 바다가 더 좋을 것 같아요.

① 맞는 것을 고르십시오.

1. 어제는 왜 모임에 오지 (못했은가요? / 못했나요?)

2. 아직 결혼에 (대해서 / 대한) 생각해 본 적이 없는데요.

3. 그 사람은 선배가 (아니고 / 말고) 직장 동료예요.

4. 이 벽에는 노란색(말고 / 아니고) 하늘색을 칠하세요.

5. 시간이 (모자라서 / 모자라) 가지고 택시를 타고 왔어요.

6. 저는 매운 음식을 (먹으면 / 먹거든) 배가 아파요.

7. 서대문 (으로 / 으로 해서) 광화문에 가 주세요.

② 〈보기〉와 같이 알맞은 것을 골라서 문장을 완성하십시오.

푼, 번, 편, 마디, 줄, 잠, 곡

보기

물가가 많이 올라서 지난달에는 저축을 <u>한 푼도 못했어요.</u>

1. 그 배우가 나오는 영화는 _______________

2. 다음 월요일까지 보고서를 내야 하는데 아직 _______________

3. 어젯밤에는 잠이 오지 않아서 _______________

4. 외국인들을 만나는 자리에 갔는데 영어를 몰라서 _______________

5. 이윤수 씨는 아주 일을 잘해요. 지금까지 실수를 _______________

6. 한국 노래를 좋아하지만 부를 수 있는 노래는 _______________

이 력 서

■ 이름 :

■ 국적 :

■ 생년월일 :

■ 주소 :

■ 연락처 : (전화)

        (이메일)

■ 취미 :

■ 특기 :

■ 학력 :

    ______________, _____________ 초등학교 졸업

    ______________, _____________ 중학교 졸업

    ______________, _____________ 고등학교 졸업

    ______________, _____________ 대학교 졸업 (예정)

        (전공 : ___________)

■ 경력 :

■ 자격증 :

사 진

~(으)ㄴ지/는지/(으)ㄹ지

① 〈보기〉와 같이 두 문장을 연결하십시오.

> **보기**
>
> 한국 사람들은 언제나 저에게 몇 살입니까? 물어 봐요.
>
> ▶ 한국 사람들은 언제나 저에게 몇 살인지 물어 봐요.

1. 그 가수 콘서트를 어디에서 합니까? 아세요?

▶ ____

2. 친구가 지금 집에 있습니까? 없습니까? 몰라서 전화 안 했어요.

▶ ____

3. 그 사람이 왜 갑자기 회사를 그만두었습니까? 궁금해요.

▶ ____

4. 지금 어디가 불편하십니까? 말씀해 보세요.

▶ ____

5. 이 일을 어떻게 하면 좋겠습니까? 생각해 봅시다.

▶ ____

② 대화를 완성하십시오.

1. 가 : 그 환자가 무슨 병입니까?

나 : 아직 검사 결과가 안 나와서 정확하게 _______________

2. 가 : 오늘 축구 시합에서 어느 팀이 이겼어요?

　　나 : 저도 시합을 못 봐서 _______________________________

3. 가 : 신촌에 있는 하숙집들이 커요?

　　나 : 가 본 일이 없어서 _______________________________

4. 가 : 순두부찌개를 만드는 방법을 아세요?

　　나 : 아니요, _______________________________

③ 〈보기〉와 같이 문장을 완성하십시오.

> **보기**
>
> 회사에 다니다가 <u>그만두고 한국에 왔어요.</u>
>
> <u>산에 올라가다가</u> 너무 힘들어서 그냥 내려왔어요.

1. 어제 소설책을 읽다가 _______________________________

2. 편의점에서 아르바이트를 하다가 _______________________________

3. 서울 은행은 이쪽으로 가다가 _______________________________

4. 고등학교 때까지 부산에서 살다가 _______________________________

5. _______________________________ 시청역에서 갈아타세요.

6. _______________________________ 너무 졸려서 잤어요.

7. 친구하고 _______________________________ 싸웠어요.

4 약도를 보고 〈보기〉와 같이 위치를 설명하십시오.

보기

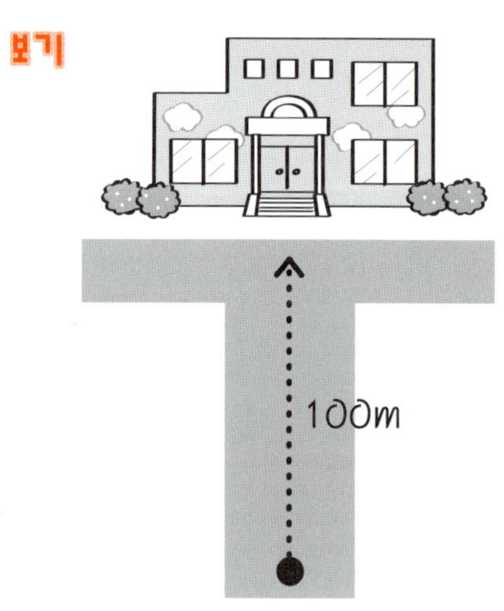

유치원은 <u>위쪽으로 100m 쯤 가다가 보면 있을 거예요.</u>

1.

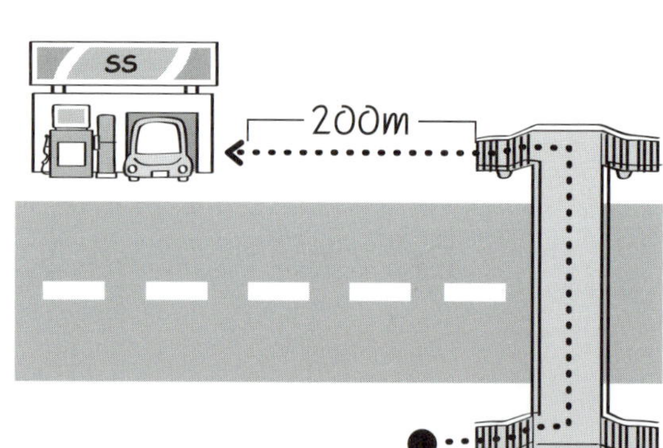

주유소는 육교를 건너서

____

2.

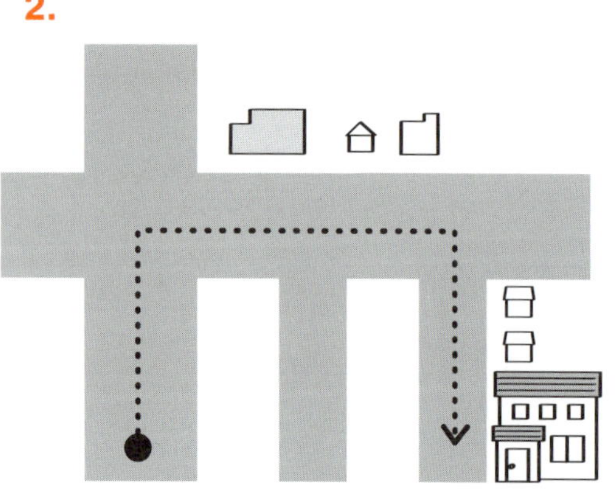

우리 집은 사거리에서

____

3.

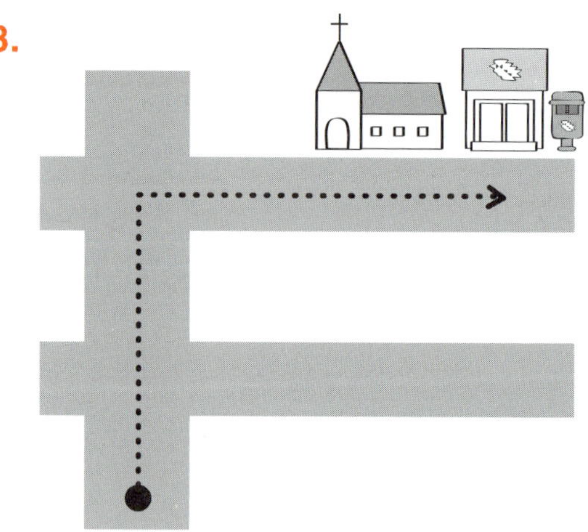

우체국은 두번째 사거리에서

____

~(으)ㄹ 텐데
~았/었/였다가
~고 가다 / 오다

~(으)ㄹ 텐데

1 〈보기〉와 같이 알맞은 것을 골라서 문장을 완성하십시오.

책이 어렵다, 책이 재미있다, 시험이 쉽다

보기

<u>시험이 쉬울 텐데</u> 걱정하지 마세요.

1. _________________________ 읽을 수 있겠어요?

2. _________________________ 한번 읽어 보세요.

오다, 왔다, 오지 않다

3. 손님이 많이 _____________ 음식을 많이 준비하세요.

4. 손님이 많이 _____________ 음식을 이렇게 많이 준비했어요?

5. 손님이 많이 _____________ 음식이 모자라지 않았어요?

2 대화를 완성하십시오.

1. 가 : (백화점에서) 저 옷을 한번 입어 볼까요?

   나 : 저건 _____________ 이걸 입어 보세요.

2. 가 : (밤 12시에) 커피 한 잔 끓여 주시겠어요?

   나 : 밤에 커피 마시면 _____________________

3. 가 : 사장님께 지금 연락할까요?

   나 : _____________________

4. 가 : 아직 비행기가 도착하지 않았나요? 왜 연락이 없을까요?

   나 : 벌써 _____________ 이상하네요.

5. 가 : 리아 씨가 오늘 모임이 있는 걸 모르는 것 같아요.

   나 : _____________ …… . 제가 연락했거든요.

3 〈보기〉와 같이 반대 동사를 쓰고, 두 동사를 이용해서 문장을 만드십시오.

끄다, 닫다, 꺼내다, 풀다, 지우다, 내리다, 벗다, 덮다

보기

입다 ↔ <u>벗다</u>   옷을 입었다가 어울리지 않아서 벗었습니다.

1. 열다 ↔ _______ _______________________________

2. 넣다 ↔ _______ _______________________________

3. 켜다 ↔ _______ _______________________________

4. 쓰다 ↔ _______ _______________________________

5. 묶다 ↔ _______ _______________________________

6. (책을) 펴다 ↔ _______ _______________________________

4 대화를 완성하십시오.

1. 가 : 다음 주에 여행가시죠?

　　나 : 예약을 했다가 급한 일이 생겨서 _______________________

2. 가 : 지난번에 남대문 시장에서 산 스웨터는 왜 안 입어요?

　　나 : 샀다가 색깔이 마음에 안 들어서 _______________________

3. 가 : 제가 소개해 준 식당에 가 봤어요?

　　나 : 손님이 너무 많아서, _______________ 그냥 나왔어요.

4. 가 : 그 포스터가 없어졌네요.

　　나 : 룸메이트가 싫어해서, _______________ 떼었어요.

5 그림을 보고 〈보기〉와 같이 문장을 완성하십시오.

보기

저는 산에 갈 때는 언제나

<u>큰 배낭을 메고 가요.</u>

1.

친구 결혼식에 갈 때

____

2.

귀여운 아이 두 명이

____

3.

경치가 아름다울 테니까

____

4.

다음에 여행할 때는

____

5.

날씨가 추워서 _______________________

____

~아/어/여 있다

① 그림을 보고 〈보기〉와 같이 문장을 완성하십시오.

보기

배가 고픈데 냉장고가

<u>비어 있어요.</u>

1.

열쇠가 의자 밑에

____

2.

한 학생이 교실 문 앞에

____

3.

할머니가 편찮으셔서 침대에

____

4.

공원에 꽃이 많이

____

5.

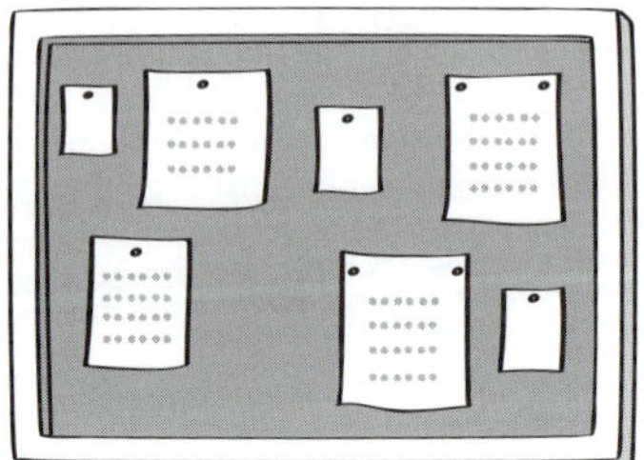

게시판에 메모지가 ___________

_______________ (으)니까 보세요.

6. 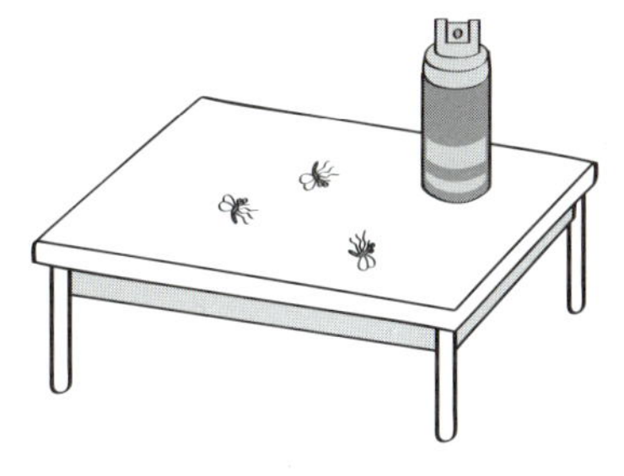

모기가 ___________________

7. 

맥주잔이 ___________________

2 대화를 완성하십시오.

1. 가 : 할아버지는 돌아가셨겠네요.

　　나 : 아니요, 아직 ___________________________

2. 가 : 동생이 아직도 미국에 있어요?

　　나 : 아니요, 지금은 캐나다에 ___________________

3. 가 : 우리가 없는 동안 사무실에 전화가 오지 않을까요?

　　나 : 조민정 씨가 사무실에 _________________ 괜찮아요.

4. 가 : 이 사진에서 동생이 누구예요?

　　나 : 피아노 의자에 _______________ 애가 제 동생이에요.

5. 가 : 내 크리스마스 선물 어디에 있어요?

　　나 : 저기 있는 양말 속에 ___________________

3 〈보기〉와 같이 알맞은 것을 골라서, 문장을 만드십시오.

> **종이를 붙이다**, 과일을 깎다, 종이를 자르다, 종이를 찍다,
> 글자를 지우다, 원을 그리다, 못을 박다, 문을 잠그다

보기

| 풀 | 종이를 붙이려면 풀이 있어야 해요. |

1. 가위 _________________________________

2. 칼 _________________________________

3. 열쇠 _________________________________

4. 지우개 _________________________________

5. 호치키스 _________________________________

6. 망치 _________________________________

7. 컴퍼스 _________________________________

4 〈보기〉와 같이 대화를 완성하십시오.

보기

> 가 : 살을 빼고 싶은데…….
> 나 : 살을 빼려면 운동을 해야 해요.

1. 가 : 어떻게 하면 회사에서 빨리 승진할 수 있어요?
　　나 : _________________________________

2. 가 : 그 외과 의사는 유명해서 진료 받기 힘들죠?
　　나 : _________________________________

3. 가 : 대회에 나가서 실수하지 않아야 할텐데…….
　　나 : _________________________________

4. 가 : 이번 시험에서 떨어지면 안 되는데…….
　　나 : _________________________________

① 다음 표를 완성하십시오.

	~이	~어 있다
보다		***
놓다		
묶다	묶이다	

	~이	~어 있다
쓰다		쓰여 있다
쌓다		
바꾸다		바뀌어 있다

	~히	~어 있다
닫다		
먹다	먹히다	***
뽑다	뽑히다	

	~히	~어 있다
잡다		
꽂다		
묻다		묻혀 있다

	~리	~어 있다
듣다		***
열다		
달다		달려 있다

	~리	~어 있다
팔다		***
걸다	걸리다	
풀다		

	~기	~어 있다
끊다		
쫓다	쫓기다	***

	~기	~어 있다
안다		
빼앗다		***

② 동사를 피동형으로 바꿔서 문장을 완성하십시오.

1. 누가 놓고 갔는지 책상 위에 메모지가 _______________

(놓다)

2. 아무리 열심히 해도 안 되니까 스트레스가 ＿＿＿＿＿＿＿＿＿

（쌓다）

3. 같은 아파트라도 한강이 ＿＿＿＿＿＿(으)면 값이 훨씬 더 비싸요.

（보다）

4. 우리가 전혀 예상하지 못한 사람이 학생회장으로 ＿＿＿＿＿＿＿＿

（뽑다）

5. 서해 바다 속에 15 세기 중국의 보물이 ＿＿＿＿＿＿＿＿

（묻다）

6. 귀가 아프고 소리도 잘 ＿＿＿＿＿＿지 않는데 왜 그럴까요?

（듣다）

③ (　　　) 안에 있는 동사의 피동형을 이용해서 대화를 완성하십시오.

1. 가 : 그 사건의 범인이 ＿＿＿＿＿＿＿? (잡다)

　　나 : 아니요, 아직 ＿＿＿＿＿＿＿＿＿＿＿

2. 가 : 작년에 미국으로 이민 간 친구는 어떻게 지내요?

　　나 : 미국에 간 후에 소식이 ＿＿＿＿＿＿아/어/여서 저도 잘 몰라요. (끊다)

3. 가 : 아직도 포장이 되지 않은 길이 있네요.

　　나 : 네, 아스팔트가 ＿＿＿＿＿＿＿(으)니까 운전하기가 힘들어요. (깔다)

4. 가 : 어떤 경우에 여행이 취소가 돼요?

　　나 : 신청자가 20명 이상 ＿＿＿＿＿＿＿＿＿ 취소가 됩니다. (모으다)

5. 가 : 왜 이렇게 빨갛게 됐어요?

　　나 : 모기한테 ＿＿＿＿＿＿＿＿＿＿＿＿＿ (물다)

4 그림을 보고 〈보기〉와 같이 문장을 만드십시오.

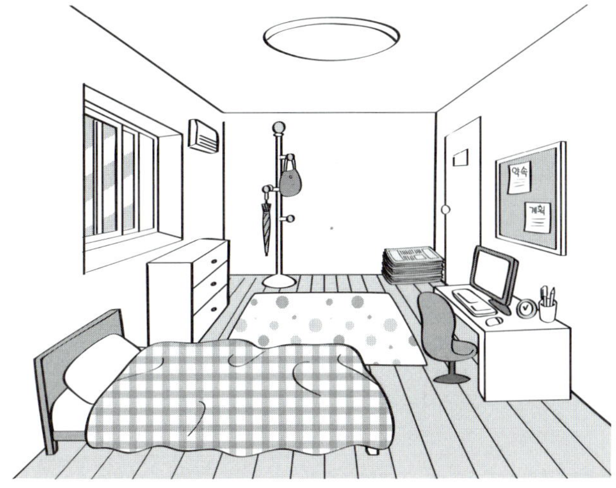

보기

방문은 <u>닫혀 있고</u>, 창문은 반쯤 <u>열려 있습니다.</u>

1. 책상 위에 컴퓨터가 ___________________

2. 메모판의 메모지에는 약속이나 계획이 ___________________

3. 옷걸이에는 우산과 가방이 ___________________

4. 방 가운데에는 카펫이 ___________________

5. 창문 옆에는 에어컨이 ___________________

6. 방문 옆의 구석에는 신문지가 많이 ___________________

5 여러분의 방을 그리고 설명하십시오.

6 〈보기〉와 같이 문장을 완성하십시오.

보기

> 그 도자기는 깨지기 쉬우니까 조심해서 닦으세요.

1. 환절기에는 _________________________ 조심하세요.

2. 그런 약은 부작용이 _________________________

3. 짜게 먹으면 _________________________ 좀 싱겁게 드세요.

4. 과로 하면 _________________________ 쉬면서 일을 하세요.

5. 이 발음은 _________________________ 발음이에요.

7 대화를 완성하십시오.

1. 가 : 남은 음식을 어떻게 할까요?

   나 : 여름에는 _________________________ 모두 냉장고에 넣어야 해요.

2. 가 : 급하니까 서둘러서 합시다. 자, 빨리요.

   나 : 그렇게 서두르면 _________________________

3. 가 : 약속은 모두 메모를 하시나요?

   나 : 네, 메모하지 않으면 _________________________

4. 가 : 시간이 없으니까 속도 좀 내야겠어요.

   나 : 오늘같이 비 오는 날에는 _________________________

사동

① 다음 표를 완성하십시오.

	~이	~어요.
먹다		
보다	보이다	

	~이	~어요.
죽다		죽여요.
속다		

	~히	~어요.
읽다	읽히다	
앉다		

	~히	~어요.
입다		
익다		익혀요.

	~리	~어요.
알다		
울다	울리다	

	~리	~어요.
살다		살려요.
돌다		

	~기	~어요.
웃다	웃기다	
벗다		

	~기	~어요.
맡다		
씻다		씻겨요.

	~우	~어요.
자다		재워요.
서다		

	~우	~어요.
타다	태우다	
깨다		

② 그림을 보고 문장을 완성하십시오.

보기 

엄마가 노래를 부르면서

아이를 <u>재우고 있습니다.</u>

1. 

아버지가 아이를 의자에

____

2. 

오빠가 인형을 빼앗아서 여동생을

____

3. 

택시 기사가 할머니를 택시에

____

4. 

모기약을 뿌려서 모기를

____

5. 

언니가 동생에게 옷을

____

보기

> 제가 <u>택시를 세웠습니다.</u>
>
> 택시가 섰습니다.
>
> 제가 <u>친구에게 사진을 보여 주었습니다.</u>
>
> 친구가 사진을 보았습니다.

1. 어머니가 ________________________________

아버지가 깼습니다.

2. 제가 ________________________________

음식이 남았습니다.

3. 구조대원이 ________________________________

그 사람이 살았습니다.

4. 개그맨이 ________________________________

사람들이 웃습니다.

5. 아내가 ________________________________

생선이 까맣게 탔습니다.

6. 어머니가 ________________________________

아이가 밥을 먹습니다.

7. 선생님이 ________________________________

학생이 책을 읽습니다.

8. 사장님이 ________________________________

제가 그 일을 맡았습니다.

9. 친구가 ________________________________

제가 그 소식을 압니다.

4 〈보기〉와 같이 문장을 완성하십시오.

> **보기**
>
> 교수님이 추천해 주셔서 <u>한국 대학교에 오게 됐어요.</u>

1. 갑자기 급한 일이 생겨서 여행 계획을 ___________________________

2. 아버지가 돌아가신 뒤에 승준 씨가 아버지 사업을 ______________

3. 아는 분이 소개해 주어서 _______________________________________

4. _____________________아/어/여서 다시 일을 찾으려고 해요.

5. _____________________(으)면 연락해 주세요.

5 대화를 완성하십시오.

1. 가 : 두 사람이 왜 헤어졌어요?

   나 : ____

2. 가 : 지금 본사를 짓고 있지요? 언제쯤 그 건물에서 근무할 수 있습니까?

   나 : ____

3. 가 : 이번 수술만 성공하면 저도 걸을 수 있을까요?

   나 : 그럼요. ____

4. 가 : 전공은 문학인데 컴퓨터 회사에서 일을 하시는군요.

   나 : 네, ____

5. 가 : 아이를 낳은 후에도 직장 생활 계속 할 거예요?

   나 : 아직 결정하지는 않았지만 ______________________________

① 알맞은 동사를 고르십시오.

1. 가 : 다나카 씨, 전화번호가 (바뀌었나요? / 바꿨나요?)

   나 : 네, 장난 전화가 많이 와서 번호를 (바뀌었어요. / 바꿨어요.)

2. 가 : 벽에 포스터를 누가 (붙었는지 / 붙였는지) 알아요?

   나 : 아니요, 몰라요. 제가 왔을 때에도 거기에 (붙어 / 붙여) 있었어요.

3. 가 : 창문이 (열어 / 열려) 있네요.

   나 : 아까 더워서 제가 (열었어요. / 열렸어요.)

4. 가 : 다른 사람들이 이걸 (보면 / 보이면) 안 되는데…….

   나 : 저한테만 (보아 / 보여) 주세요.

5. 가 : 나가야 하는데 자동차 열쇠가 (보지 / 보이지) 않아요.

   나 : 글쎄요. 저는 못 (봤는데요. / 보였는데요.)

6. 가 : 어제 가져 온 물건을 다 (팔았네요. / 팔렸네요.)

   나 : 요즘 이 캐릭터가 인기가 있어서 나오자마자 인형이 금방

   　　 (팔았어요. / 팔렸어요.)

7. 가 : 환자가 응급실에서 (죽었다면서요? / 죽였다면서요?)

   나 : 네, 의사들이 (살려고 / 살리려고) 최선을 다했는데 그렇게 됐어요.

 알맞은 것을 골라서 (   )에 쓰십시오.

> 몇, 어디, 언제, 누가, 뭘, 무슨

1. 이 노래를 (   ) 번 들은 적이 있어요.

2. 방 안에서 (   ) 냄새가 나는 것 같지 않아요?

3. 리모콘이 테이블 근처 (   ) 있을 테니까 잘 찾아 보세요.

4. 저분을 전에 (   ) 한 번 만난 적이 있는 것 같은데…….

5. 저 없을 때 (   ) 찾아오면 메모 좀 해 주세요.

6. 병문안 갈 때 (   ) 좀 사 가지고 갑시다.

③ 다음 연결 어미를 이용해서 〈보기〉와 같이 연결하십시오.

> ~아/어/여 가지고, ~(으)ㄹ 테니까, ~(으)려면,
>
> ~는지, ~다가, ~(으)ㄹ 텐데, ~았/었/였다가

보기

아이들이 이 캐릭터를 더 좋아할 거예요. 이걸 사는 게 좋겠어요.

▶ 아이들이 이 캐릭터를 더 좋아할 테니까 이걸 사는 게 좋겠어요.

1. 늦지 않습니다. 지금 출발해야 합니다.

▶ ____

2. 그 인터넷 사이트에 어떻게 접속해야 합니까? 설명해 주세요.

▶ ____

3. 곧 회의가 시작될 거예요. 왜 아직 안 와요?

▶ ____

4. 정민이는 숙제를 합니다. 친구가 불러서 나갔어요.

▶ ____

5. 사진을 찍었습니다. 마음에 안 들어서 지웠어요.

▶ ____

6. 갑자기 어지럽습니다. 좀 쉬고 있어요.

▶ ____

~고 나다
'ㅅ' 불규칙 동사

~고 나다

① '_고 나서' '_고 난 후에' '_고 나면' 등을 이용하여 문장을 완성하십시오.

> **보기**
>
> <u>좀 더 알아보고 나서</u> 결정하려고 하는데요.

1. _______________________ 느낀 점이 있으면 말해 주세요.

2. _______________________ 다른 것을 배워 보려고 해요.

3. _______________________ 정애 씨와 친해졌어요.

4. _______________________ 운전에 익숙해졌어요.

5. 지금은 한국 생활이 어렵지만 _______________ 훨씬 재미있어질 거예요.

② 대화를 완성하십시오.

1. 가 : 얼굴에 뭐가 많이 났네요. 왜 그래요?

   나 : _______________________ 얼굴이 이렇게 됐어요.

2. 가 : 손님이 굉장히 많아진 것 같아요.

   나 : _______________________ 손님이 많아졌어요.

3. 가 : 휴가 계획을 빨리 세웁시다.

   나 : _______________________ 세우는 게 어때요?

4. 가 : 오늘은 그만 하고 나가서 한잔합시다.

   나 : _______________________ 갈 테니까 먼저 가세요.

③ 다음 표를 완성하십시오.

ㅅ불규칙동사	~아/어요.	~았/었어요.	~(으)ㄹ 거예요.	~(으)면
짓다		지었어요.		
낫다	나아요.			
잇다			이을 거예요.	
붓다		부었어요.		
긋다	그어요.		그을 거예요.	
*웃다				웃으면
*씻다			씻을 거예요.	
*벗다	벗어요.			

④ 'ㅅ' 불규칙 동사 '짓다'를 알맞은 형태로 쓰십시오.

친척 아저씨가 시골에서 농사를 **1.** __________ 계시는데 추수를 하셔서 쌀을 보내 주셨습니다. 그 쌀로 밥을 **2.** __________ 가지고 가족들이 모두 맛있게 많이 먹었습니다. 그런데 막내가 너무 배가 불러서 괴로운 표정을 **3.** _____________. 나중에는 막내가 너무 아파해서 약을 **4.** __________ 와서 먹었습니다. 그리고 우리 가족이 막내에게 별명을 **5.** __________ 주었습니다. 그 별명은 먹보입니다.

~아/어/여 보이다

1 그림을 보고 〈보기〉와 같이 문장을 완성하십시오.

보기

할아버지가 청바지를 입으시니까

<u>훨씬 젊어 보이세요.</u>

1.

저 옷은 ____________________

____

2.

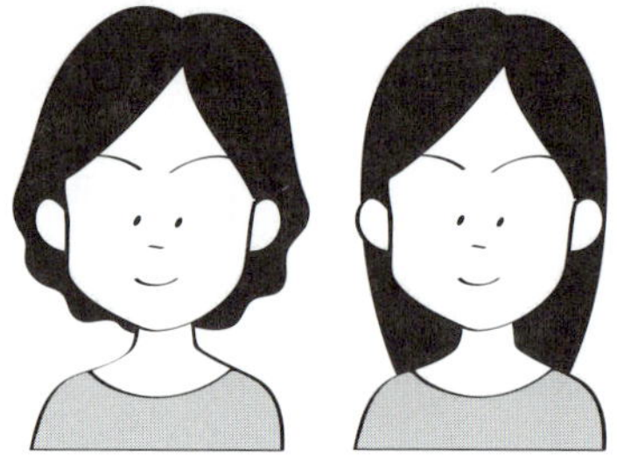

머리 모양을 바꾸니까

____

3.

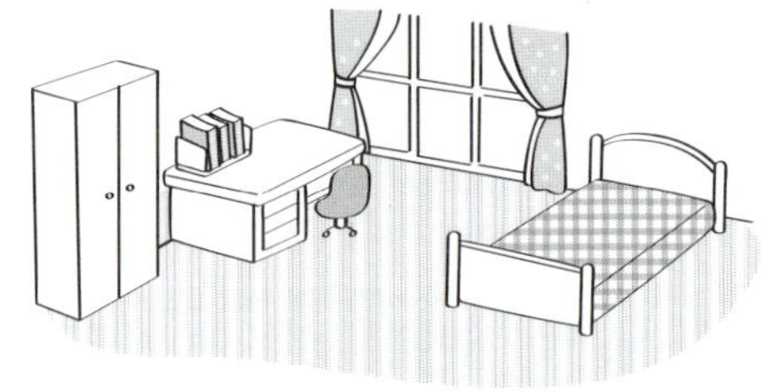

제 방과 같은 크기인데도 깨끗하니까

____

4.

까만 색 원피스를 입으니까

____

5.

얼굴을 보니까 이 사람이

____

2 그림을 보고 〈보기〉와 같이 문장을 만드십시오.

보기

오늘 낮 기온이 35 도예요.

<u>더워서 죽겠어요.</u>

1.

생일잔치에 가서 음식을 많이 먹었어요.

____

2.

수학 문제를 풀고 있는데

____

3.

월말이라서 일이 많이 쌓였어요.

____

4.

충치가 생겼어요.

____

5.

책이 많이 들어 있어요.

____

3 〈보기〉와 같이 문장을 완성하십시오.

보기

택시가 왔네요. 자, <u>먼저 타시죠.</u>

1. 음식이 다 나왔네요. ＿＿＿＿＿＿＿＿＿＿＿＿＿＿＿

2. 손님, 그 구두가 작거든 ＿＿＿＿＿＿＿＿＿＿＿＿＿＿

3. 소화가 잘 안 되면 ＿＿＿＿＿＿＿＿＿＿＿＿＿＿＿

4. 핸드폰을 안 가져 왔으면 ＿＿＿＿＿＿＿＿＿＿＿＿＿

5. 출판사는 4층입니다. ＿＿＿＿＿＿＿＿＿＿＿＿＿＿

4 대화를 완성하십시오.

1. 가 : 실례합니다. 좀 앉아서 기다려도 돼요?

   나 : ＿＿＿＿＿＿＿＿＿＿＿＿＿＿＿＿＿＿＿＿＿＿

2. 가 : 제가 한잔 따라 드리겠어요.

   나 : 고맙습니다. 제 잔도 ＿＿＿＿＿＿＿＿＿＿＿＿＿

3. 가 : 이 국이 좀 싱겁지 않아요?

   나 : 그럼, ＿＿＿＿＿＿＿＿＿＿＿＿＿＿＿＿＿＿＿＿

4. 가(손님) : 사장실이 어디예요?

   나(직원) : ＿＿＿＿＿＿＿＿＿＿＿＿＿. 제가 안내하겠습니다.

~아/어/여서 그런지

① 〈보기〉와 같이 문장을 완성하십시오.

보기

<u>친한 친구가 떠나서 그런지</u> 마이클 씨가 기운이 없어 보여요.

1. 오늘 비가 와서 그런지 _______________________________________

2. 준기 씨는 아버지가 요리사라서 그런지 _______________________

3. 그 식당은 _____________________ 늘 손님이 많아요.

4. _______________________ 요즘 식욕이 없어요.

5. 이 냉장고는 _________________________ 다른 것보다 더 비싸네요.

② 대화를 완성하십시오.

1. 가 : 사토 씨가 다음 주에 일본에 돌아가요.

　　나 : 그래서 그런지 _________________________________

2. 가 : 지난달부터 요가를 시작했는데 아주 몸이 가벼워졌어요.

　　나 : 그래서 그런지 _________________________________

3. 가 : 사실은 요즘 한국 남자 친구와 사귀고 있어요.

　　나 : ____

4. 가 : 아버지가 건강이 많이 안 좋으세요.

　　나 : ____

3 〈보기〉와 같이 대화를 완성하십시오.

> **보기**
>
> 가 : 어떤 남자와 결혼하고 싶어요?
>
> 나 : <u>우리 아버지처럼</u> 멋있는 사람과 결혼하고 싶어요.

1. 가(환자) : 어떤 음식을 조심해야 해요?

　　나(의사) : ＿＿＿＿＿＿＿＿＿ 단 음식은 가능하면 먹지 마세요.

2. 가 : 한국 친구의 가족들과 자주 만나시네요.

　　나 : 그분들이 저를 ＿＿＿＿＿＿＿＿ 대해 주세요.

3. 가 : 하숙집에 살기가 어때요?

　　나 : 아주머니가 잘해 주셔서 ＿＿＿＿＿＿＿＿＿＿

4. 가 : 엔도 씨가 한국어 말하기 대회에서 1등을 했어요.

　　나 : 그래요? 부럽네요. 저도 ＿＿＿＿＿＿＿＿＿＿＿

4 〈보기〉와 같이 알맞은 것을 골라서 문장을 완성하십시오.

> 눈,　바다,　호랑이,　호수,　개미,　컴퓨터

> **보기**
>
> 여자들은 <u>눈처럼 하얀</u> 피부를 갖고 싶어합니다.

1. 그 여배우는 ＿＿＿＿＿＿＿＿(으)ㄴ 눈이 매력이에요

2. '호랑이 선생님'은 ＿＿＿＿＿＿＿＿(으)ㄴ 선생님을 말하는 거예요.

3. '일벌레' 는 ＿＿＿＿＿＿＿＿＿는 사람을 말하는 거예요.

4. 가 : '마음이 바다 같아요' 가 무슨 뜻이에요?

　　나 : 마음이 '＿＿＿＿＿＿＿＿＿' 라는 뜻이에요.

5. 가 : 최유성 씨 별명이 왜 컴퓨터예요?

　　나 : ＿＿＿＿＿＿＿＿＿＿＿(으)니까요.

5 〈보기〉와 같이 문장을 완성하십시오.

보기

담배가 건강에 나쁜 걸 <u>알기는 하지만</u> 끊기가 어려워요.

1. 외국에 나가서 ＿＿＿＿＿＿＿＿＿ 돈이 없어서…….

2. 아침을 ＿＿＿＿＿＿＿＿＿ 조금밖에 안 먹어서 배가 고프네요.

3. 그 책을 ＿＿＿＿＿＿＿＿＿ 내용은 이해가 잘 안 돼요.

4. 어제 그 모임에 ＿＿＿＿＿＿＿＿＿ 약속이 있어서 금방 나왔어요.

5. 이 만화책은 ＿＿＿＿＿＿＿＿＿ 아이들에게 안 좋은 내용이 있어요.

 대화를 완성하십시오.

1. 가(점원) : 손님, 마음에 안 드세요?

나(손님) : ______________________ 좀 비싸서 …….

2. 가 : 지금 사귀는 남자 친구와 결혼할 생각이에요?

나 : 아니요, ______________________ 아직 결혼할 생각은 없어요.

3. 가 : 미국에서 5년 살았으니까 영어를 잘하겠네요.

나 : ______________________

4. 가 : 운전 면허증이 있어요? 운전할 수 있어요?

나 : ______________________

5. 가 : 살이 쪄서 걱정이라면 운동을 해 보세요.

나 : ______________________

~(으)ㄹ 줄 알다 / 모르다

1 그림을 보고 〈보기〉와 같이 문장을 만드십시오.

보기 

젓가락을 사용할 줄 몰라요.

1. 

____

2. 

____

3. 

____

4. 

____

5. 

____

2 대화를 완성하십시오.

1. 가 : 같이 가고 싶지만 저는 스키를 타 본 일이 없어서…….

　　나 : 제가 ＿＿＿＿＿＿＿＿＿＿. 가르쳐 드릴 테니까 같이 갑시다.

2. 가 : 이 한자가 무슨 글자예요?

　　나 : 저도 한자를 배운 일이 없어서 ＿＿＿＿＿＿＿＿＿＿＿

3. 가 : 휴대폰으로 문자 메시지 보내는 방법 알아요?

　　나 : 죄송해요. 저도 ＿＿＿＿＿＿＿＿＿＿ 다른 사람에게 물어 보세요.

4. 가 : 어제 고속도로에서 무슨 일이 있었어요?

　　나 : 네, 타이어가 펑크가 났는데 ＿＿＿＿＿＿＿＿＿ 고생을 했어요.

5. 가 : ＿＿＿＿＿＿＿＿ 노래 있으면 하나 불러 보세요.

　　나 : 준비를 못했는데 갑자기 시키면 어떻게 해요?

6. 가 : 한복을 예쁘게 입으셨네요. 입을 때 어렵지 않았어요?

　　나 : 제가 ＿＿＿＿＿＿＿＿＿＿＿ 친구가 입는 걸 도와 주었어요.

7. 가 : 컴퓨터에 바이러스가 들어간 것 같아요. ＿＿＿＿＿＿＿＿ 좀
　　　　해 주시겠어요?

　　나 : 저도 ＿＿＿＿＿＿＿＿＿＿＿＿

8. 가 : 소화가 안 되면 밥보다는 죽이 나을 거예요.

　　나 : 알기는 하는데 ＿＿＿＿＿＿＿＿＿＿＿＿＿

③ 〈보기〉와 같이 문장을 완성하십시오.

보기

> 이 음식은 <u>칼로리가 높은 편</u>이니까 많이 먹지 마세요.

1. 제 휴대폰은 _______________________

2. 그 친구하고는 _______________________ 아니에요.

3. 지난번 시험은 _______________________

4. 오늘 날씨가 ___________ 니까 _______________________

5. 제가 사는 동네는 _______________________

6. 쓰기는 잘 못하는데 말하기는 _______________________

④ 질문에 대답하십시오.

1. 가 : 어렸을 때 키가 컸어요?

   나 : _______________________

2. 가 : 이야기 좀 하고 싶은데, 오늘 일이 많아요?

   나 : 아니요, 오늘은 _______________________

3. 가 : 고등학교 때는 용돈으로 한 달에 30만 원 받았는데요.

   나 : _______________________

4. 가 : 한 달에 두 번 정도 영화를 봐요.

   나 : _______________________

~(으)ㄴ/는 게 아니라

① 〈보기〉와 같이 문장을 완성하십시오.

> **보기**
>
> ___가기 싫은 게 아니라___ 다른 일이 있어요.

1. 이 스웨터는 __________________ 제가 뜬 거예요.

2. 저는 __________________ 학교 근처에서 자취를 해요.

3. 하와이에 __________________ 출장 가는 거예요.

4. 이 약은 __________________ 바르는 약이에요.

5. __________________ 눈을 감고 생각하는 중이에요.

② 대화를 완성하십시오.

1. 가 : 맛이 없어요? 왜 그만 드세요?

   나 : __________________ 배가 아파서 그래요.

2. 가 : 이 김치 참 맛있네요. 직접 담그셨어요?

   나 : __________________ 시장에서 산 거예요.

3. 가 : 아저씨, 이 카메라가 고장이 나서 안 되는 거예요?

   나 : __________________ 건전지가 떨어진 것 같은데요.

4. 가 : 그 옷이 잘 어울렸는데 왜 안 사셨어요? 마음에 안 들었어요?

   나 : __________________

5. 가 : 안색이 안 좋은데 어디 아파요?

   나 : __________________

3 그림을 보고 〈보기〉와 같이 문장을 만드십시오.

보기

식사 도중에 포크를 떨어뜨렸어요.

1.

____

2.

____

3.

____

4.

____

5.

____

① 알맞은 조사를 골라서 쓰십시오.

> ~에, ~도, ~(으)로, ~이/가, ~처럼, ~에게, ~하고, ~말고

1. 그 도시에 갈 때는 고속도로(   ) 해서 가는 것 보다 국도가 더 빨라요.

2. 저는 중국말은 배운 적이 없어서 하나(   ) 몰라요.

3. 이 물건은 진짜(   ) 아니라 모조품인 것 같아요.

4. 그 영화는 한국 전쟁(   ) 대한 영화예요.

5. 불고기를 만들 때는 소금(   ) 간장을 넣으세요.

6. 서대문(   ) 해서 종로(   ) 해서 가 주세요.

7. 집안일만 하는 주부들(   ) 꼭 필요한 물건이에요.

8. 서울(   ) 복잡한 대도시말고 한적한 교외에서 살고 싶어요.

9. 가족 중에서 누구(   ) 닮았어요?

10. 운전 연습 도중(   ) 시동이 꺼져서 고생했어요.

② 알맞은 부사를 고르십시오.

1. 오늘은 토요일인데도 가게에 (왠지 / 그냥) 손님이 없네요.

   볼일이 있는 게 아니라 시간이 남아 가지고 (왠지 / 그냥) 들렀어요.

2. 아이가 밤에 (자주 / 자꾸) 울어서 거의 못 잤어요.

   바빠도 서로 (자주 / 자꾸) 연락하고 지냅시다.

3. 이게 (바로 / 직접) 제가 찾는 물건이에요.

   그 학교에서는 교장 선생님이 (바로 / 직접) 아이들에게 체육을 가르치세요.

4. 일이 (전혀 / 거의) 다 끝났으니까 잠깐만 기다려 주세요.

   이 일은 (전혀 / 거의) 어렵지 않으니까 한번 해 보세요.

5. 어제 퇴근 시간쯤에 (갑자기 / 급히) 소나기가 와서 비를 많이 맞았어요.

   그렇게 음식을 (갑자기 / 급히) 먹으면 체하니까 천천히 먹어요.

❸ 알맞은 접속 표현을 골라서 쓰십시오.

> 그래 가지고, 그런 게 아니라, 그러려면, 그래서 그런지,
>
> 그러고 나서, 그러지 말고

1. 가 : 한국 회사에 취직해서 한국말을 빨리 배우고 싶은데요.

   나 : (   ) 하루에 3~4 시간 집중적으로 해야 될 거예요.

2. 가 : 왜 아르바이트를 그만두려고 해요? 월급이 작아서 그래요?

   나 : (   ) 이제 4학년이 됐으니까 공부를 좀 열심히 하려고요.

3. 가 : 저한테 남자 친구를 소개해 주시려고요? 별로 생각이 없는데요.

   나 : (   ) 괜찮은 사람이니까 한번 만나 보세요.

4. 가 : 이 약을 언제 발라야 해요?

   나 : 먼저 얼굴을 깨끗이 씻으세요. (   ) 여드름이 난 데 조금씩

   발라 주세요.

5. 가 : 영훈 씨가 애인과 헤어졌어요.

   나 : 아, (   ) 요즘 기운이 없어 보였군요.

6. 가 : 어떻게 다친 거예요?

   나 : 눈길을 걷다가 미끄러졌어요. (   ) 오늘 학교에도 못

   갔어요.

~(이)라고 / 다고 하다

(1) 간접 화법으로 바꾸십시오.

1. 송상현 씨가 "우리 사무실은 3층이에요."라고 해요.

   ▶ _______________________________________

2. 경찰이 "그 사건은 아직도 조사 중입니다."라고 해요.

   ▶ _______________________________________

3. 경비 아저씨가 "내일 물탱크 청소를 할 예정이에요."라고 해요.

   ▶ _______________________________________

4. 부동산 소개소 아저씨가 "이 동네는 전세 값이 비싼 편이 아니에요."라고 해요.

   ▶ _______________________________________

5. 약사가 "따뜻한 차를 마시면 좋아요."라고 해요.

   ▶ _______________________________________

6. 일기예보에서 "내일 오후부터 비가 올 것 같습니다."라고 해요.

   ▶ _______________________________________

7. 정미 씨가 "혼자서 여행해 본 일이 없어요."라고 해요.

   ▶ _______________________________________

8. 제 동생이 "수술한 데가 아프지 않아요."라고 해요.

   ▶ _______________________________________

(2) 〈보기〉와 같이 대화를 완성하십시오.

보기

가 : 오늘은 왜 저쪽 길로 안 가고 이 길로 가세요?

나 : 그 길이 __공사 중이라고 해서__ 돌아서 가는 거예요.

1. 가 : 그 병원은 꽤 먼데 거기까지 다니세요?

   나 : 네, 그 병원이 _________________ 거기 다녀요.(전문 병원)

2. 가 : 그 음식점을 어떻게 알고 갔어요?

   나 : 여행 안내책에 _________________ 쓰여 있어서 가 봤어요.

3. 가 : 왜 그 영화를 보셨어요?

   나 : 제 친구가 _________________ 봤어요.

4. 가 : 여행갈 때 두꺼운 옷을 많이 가져가는군요.

   나 : _________________

③ 다음은 한국에서 많이 사용하는 별명입니다. 〈보기〉와 같이 알맞은 것을 골라서
쓰십시오.

> 맥주병, 호랑이, 술고래, 멋쟁이, 백과사전, 청개구리, 마당발, 책벌레

> 옷이나 패션에 대해 관심이 많은 사람을 <u>멋쟁이라고 합니다.</u>

1. 여러 분야에 아는 사람이 많은 사람을 _________________

2. 술을 좋아하고 잘 마시는 사람을 _________________

3. 수영을 못하는 사람을 _________________

4. 아주 무섭고 엄격한 사람을 _________________

5. 말을 잘 듣지 않고 반대로 하는 사람을 _________________

6. 책을 좋아하고 많이 읽는 사람을 _________________

7. 상식이 풍부한 사람을 _________________

4 〈보기〉와 같이 문장을 완성하십시오.

> **보기**
>
> 제시간에 오기 어려우면 <u>늦게라도 꼭 오세요.</u>

1. 금연석이 안 되면 ___________________________________

2. 침대 방이 없으면 ___________________________________

3. 내일 오후가 안 되면 _________________________________

4. 어머니 생신에 _______________________________

5. 피곤해 보이는데 _____________________ 쉬는 게 어때요?

5 질문에 대답하십시오.

1. 가 : 저는 바빠서 그렇게 멀리 휴가를 못 갈 것 같아요.

　　나 : ___________________________________

2. 가 : 돈이 많이 필요하신 것 같은데 저는 지금 10만 원밖에 없어요.

　　나 : ___________________________________

3. 가 : 갑자기 소나기가 오는데 남는 우산이 있습니까?

　　나 : ___________________________________

4. 가 : 운동을 해야 하는데 스포츠 센터가 멀어서 갈 시간이 없어요.

　　나 : ___________________________________

5. 가 : 5시 표는 다 팔렸고 7시 기차표밖에 없는데요. 어떻게 하시겠어요?

　　나 : ___________________________________

~(느)ㄴ다고 / 냐고 하다

1 간접 화법으로 바꾸십시오.

1. 할머니가 "취미로 꽃을 키워요."라고 해요.

▶ _______________________________

2. 그 회사 직원이 "내일까지 신청서를 내야 합니다."라고 해요.

▶ _______________________________

3. 관리인이 "문을 9시에 열고 7시에 닫습니다."라고 해요.

▶ _______________________________

4. 영진 씨가 "요즘 혼자 살아요."라고 해요.

▶ _______________________________

5. 뒤에 앉은 학생이 "소리가 잘 들리지 않습니다."라고 해요.

▶ _______________________________

6. 의사가 "소화는 잘 됩니까?"라고 해요.

▶ _______________________________

7. 어머니께서 "이번 시험 성적은 어떻습니까?"라고 해요.

▶ _______________________________

8. 처음 만나면 한국 사람들은 "왜 한국에 왔습니까?"라고 해요.

▶ _______________________________

9. 친구가 "제 문자 메시지를 받지 못했어요?"라고 해요.

▶ _______________________________

10. 동생에게 전화하니까 "웬일이에요?"라고 해요.

▶ _______________________________

2 〈보기〉와 같이 대화를 완성하십시오.

보기

> 가 : 여름 방학 때 뭐 할 거예요?
>
> 나 : 제 친구가 <u>봉사활동을 간다고 해서</u> 같이 가려고 해요.

1. 가 : 잡채에 고기를 안 넣고 만드시네요.

   나 : 네, 오늘 오시는 손님이 ______________________ 안 넣고 만들어요.

2. 가 : 선배 생일 선물로 요리책을 산 거예요?

   나 : 네, 그 선배가 ______________________ 샀어요.

3. 가 : 어머니하고 전화로 무슨 얘기를 했어요?

   나 : ______________________ 잘 지낸다고 했는데요.

4. 가 : 하숙집 아주머니가 뭘 물어보세요?

   나 : ______________________ 뭐든지 잘 먹는다고 했어요.

~는 길

3 〈보기〉와 같이 문장을 완성하십시오.

보기

> <u>여기에 오는 길에</u> 이상한 사람을 봤어요.

1. ______________________________________ 은행에 들렀습니다.

2. 집에 가는 길에 ______________________________________

3. 어제 퇴근길에 ______________________________________

4. 시장에 갔다 오는 길에 ______________________________________

5. (전화로) 지금 약속 장소로 ______________________ 잠깐만 기다려 주세요.

6. 선물을 준비하지 못했으니까 ______________________________________

1. 가 : (지하철역에서) 지금 어디에 가세요?

   나 : ___________________________________

2. 가 : 두 분이 같이 오셨군요. 만나서 같이 오신 거예요?

   나 : 아니요, _______________________________

3. 가 : 퇴근하고 바로 댁으로 가실 겁니까?

   나 : 아니요, _______________________________

4. 가 : 이 샌드위치를 집에서 만들어 가지고 오셨어요?

   나 : 아니요, _______________________________

5. 가 : 저를 만나러 저희 집까지 오신 겁니까?

   나 : 아니요, _______________________________

6. 가 : 언제 우체국에 가서 편지를 부치실 거예요?

   나 : ___________________________________

7. 가 : 8시부터 검도를 배우면 저녁은 언제 먹어요? 배가 고플 텐데…….

   나 : ___________________________________

8. 가 : 유럽 여행할 때 영국에서 독일로 직접 가셨어요?

   나 : 아니요, _______________________________

～었다고 /(으)ㄹ 거라고 / 자고 하다

① 간접 화법으로 바꾸십시오.

1. 의사 선생님이 "수술이 잘 됐습니다."라고 해요.

▶ ____

2. 옆집 할아버지가 "젊었을 때 운동 선수였어요."라고 해요.

▶ ____

3. 명훈 씨가 "어렸을 때는 키가 크지 않았습니다."라고 해요.

▶ ____

4. 정화 씨가 "문제가 있어서 결정을 아직 하지 못했어요."라고 해요.

▶ ____

5. 비서가 "사장님이 내일 오후에 출장에서 돌아오실 거예요."라고 해요.

▶ ____

6. 안내 방송에서 "모레 아침부터 수돗물이 나오지 않을 거예요."라고 해요.

▶ ____

7. 강지원 씨가 "다음 주에 출장을 가서 운동하러 오지 못할 거예요."라고 해요.

▶ ____

8. 동생이 "이사 갈 때 오래된 물건을 버립시다."라고 해요.

▶ ____

9. 제 남자 친구가 "다음 주에 우리 부모님께 인사하러 갑시다."라고 해요.

▶ ____

10. 하숙집 친구가 "하숙집에서는 술을 마시지 맙시다."라고 해요.

▶ ____

2 〈보기〉와 같이 대화를 완성하십시오.

> **보기**
>
> 가 : SF 영화는 별로 좋아하지 않잖아요?
>
> 나 : 그래도 <u>상을 많이 받았다고 해서</u> 한번 보려고 해요.

1. 가 : 친구 졸업 선물로 배낭을 산다고 하지 않았어요?

   나 : ________________________________ 다른 걸 샀어요.

2. 가 : 어디 가세요?

   나 : ________________________________ 문병 가요.

3. 가 : 안동으로 여행을 가세요?

   나 : 네, 안동에서 ____________________ 그리로 가려고 해요.

4. 가 : 내일 인터뷰 준비를 많이 하시는군요.

   나 : 네, ____________________________ 좀 준비하고 있어요.

5. 가 : 시험인데 왜 공부를 안 해요?

   나 : ____

6. 가 : 점심에 뭘 드셨어요?

   나 : 친구가 ____________________________ 냉면을 먹었어요.

7. 가 : 왜 형하고 그 사업을 같이 하게 됐어요?

   나 : 형이 같이 ________________________________

~기 바라다

1 다음은 친구에게 보내는 카드(엽서, 초대장)입니다. 〈보기〉와 같이 알맞은 인사
말을 쓰십시오.

보기

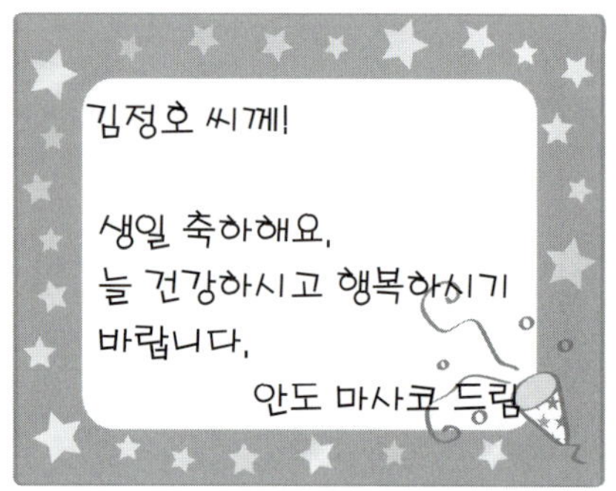

1. 연하장

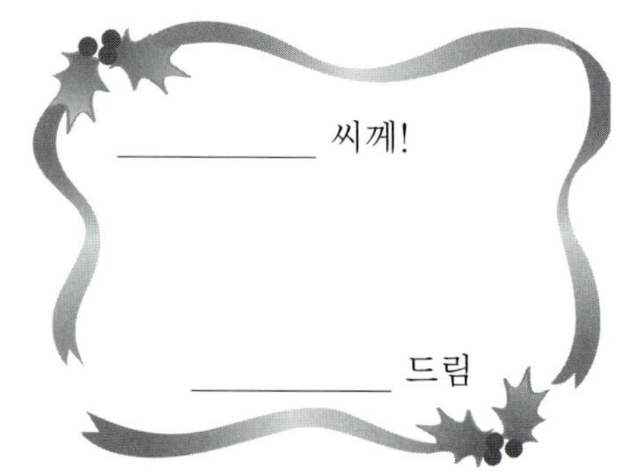

2. 대학을 졸업하는 후배에게
보내는 엽서

3. 입원한 상사에게 보내는
안부 엽서

4. 개업식 초대장

5. 결혼식 초대장

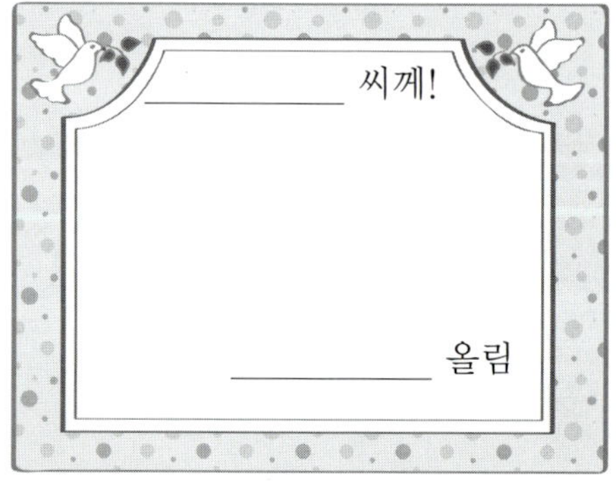

② 그림을 보고 〈보기〉와 같이 문장을 만드십시오.

보기

제 친구가 상을 받고 너무 기뻐서
<u>눈물까지 흘렸어요.</u>

1.

어젯밤에 너무 아파서

____

2.

싸움이 나서

____

3.

우리 할아버지는 아주 건강하셔서

____

③ 문장을 완성하십시오.

1. 친구 집에 가서 _______________________ 대접을 받았어요.

2. 노래를 부르다가 기분이 좋아져서 _______________________

3. 내 친구는 동물을 너무 좋아해서 집에서 개도 키우고 _______________________

4. 참석자들에게 모두 연락했어요. 그리고 다시 한 번 _______________________

5. 그 작가를 모르세요? _______________________

20

~ 때문에
~(으)라고/달라고/주라고 하다

~ 때문에

1 그림을 보고 〈보기〉와 같이 문장을 만드십시오.

보기

<u>안개 때문에 운전하기가 힘들어요.</u>

1.

________________ 공부를 안 해요.

2.

____

3.

____

4.

____

5.

____

2 간접 화법으로 바꾸십시오.

1. 의사 선생님이 "엑스레이를 찍어 보세요."라고 해요.

   ▶ ___________________________________

2. 명희 씨가 "이 옷을 나한테 파세요."라고 해요.

   ▶ ___________________________________

3. 상사가 "근무 시간에는 게임이나 인터넷 검색을 하지 마세요."라고 해요.

   ▶ ___________________________________

4. 후배가 "저한테 그런 부탁은 하지 마세요."라고 해요.

   ▶ ___________________________________

5. 미라 씨가 "이걸 정미 씨한테 주세요."라고 해요.

   ▶ ___________________________________

6. 어머니가 "가서 할머니를 도와 드리세요."라고 해요.

   ▶ ___________________________________

7. 손님이 "반찬을 더 주세요."라고 해요.

   ▶ ___________________________________

8. 점원이 "내일 다시 한 번 와 주세요."라고 해요.

   ▶ ___________________________________

9. 경비 아저씨가 "여기에 주차하지 말아 주세요."라고 해요.

   ▶ ___________________________________

10. 사장님이 "거래처에 물건 샘플을 보내 주세요."라고 해요.

   ▶ ___________________________________

3 〈보기〉와 같이 대화를 완성하십시오.

1. 가 : 오늘도 야근을 해야 해요?

　　나 : 네, 부장님이 ＿＿＿＿＿＿＿＿＿＿＿＿ 야근을 하려고 해요.

2. 가 : 10시가 넘었는데 이 시간에 어디 가세요?

　　나 : 친구가 ＿＿＿＿＿＿＿＿＿＿＿ 친구 집에 가는 거예요.

3. 가 : 부인 생일에 뭘 사주셨어요?

　　나 : 아내가 ＿＿＿＿＿＿＿＿＿＿＿＿＿＿＿＿＿＿

4. 가 : 이 사진을 왜 형규한테 보여 주었어요? 보여 주면 안 되는데…….

　　나 : 형규가 자꾸 ＿＿＿＿＿＿＿＿＿＿＿＿＿＿＿＿

5. 가 : 큰딸의 용돈을 5만원이나 올려 주었어요?

　　나 : 딸아이가 ＿＿＿＿＿＿＿＿＿＿＿＿＿＿＿＿

6. 가 : 주희한테 애인이 생긴 걸 왜 나한테는 말 안 했어요?

　　나 : 주희가 ＿＿＿＿＿＿＿＿＿＿＿＿＿＿＿＿＿

7. 가 : 오늘은 안경을 쓰셨네요.

　　나 : 의사가 일주일 정도 콘택트렌즈를 ＿＿＿＿＿＿＿＿＿＿

① 다음 문장과 의미가 다른 하나를 골라서 ✓표 하십시오.

1. 남자들끼리 한잔 하러 나갔어요.

① 남자들만 한잔 하러 갔어요. ( )

② 여자들은 한잔 하러 나간 사람이 없어요. ( )

③ 남자들과 같이 술을 마시러 나갔어요. ( )

④ 남자들이 따로 한잔 하러 갔어요. ( )

2. 집에 돌아가는 길에 들렀습니다.

① 집에 돌아가다가 잠깐 들렀습니다. ( )

② 집에 가는 도중에 들렀습니다. ( )

③ 집에 들러서 잠깐 돌아갔습니다. ( )

④ 집에 가면서 잠깐 들렀습니다. ( )

3. 남학생과 여학생이 따로 공부합니다.

① 학생끼리 공부하는 데가 있습니다. ( )

② 남학생과 여학생이 같은 데서 공부하지 않습니다. ( )

③ 여학생과 남학생이 공부하는 데가 다릅니다. ( )

④ 남학생끼리 공부합니다. ( )

4. 저는 그 사람처럼 착하고 성실한 사람을 본 적이 없어요.

① 내가 아는 사람 중에서 그 사람이 제일 착하고 성실해요. ( )

② 그 사람같이 착하고 성실한 사람은 없을 거예요. ( )

③ 그 사람보다 착하고 성실한 사람은 없을 것 같아요. ( )

④ 그 사람은 성실한 게 아니라 착해요. ( )

5. 늦게라도 연락해 주세요.

① 늦어도 괜찮으니까 연락해 주세요. ( )

② 늦게 연락하면 안 돼요. ( )

③ 빨리 연락해 주면 좋고 늦어도 기다릴 거예요.　　　　(　)

④ 늦게까지 기다릴 테니까 연락해 주세요.　　　　　(　)

② 틀린 것을 고치십시오.

1. 이건 중요한 서류 때문에 잘 보관해야 합니다.

▶ ____

2. 친구가 자기 생일에 케이크를 만들어 주라고 해요.

▶ ____

3. 이건 깨지기 쉬우니까 만지지 않으라고 하세요.

▶ ____

4. 너무 무리하지 말고 잠깐이나 쉬세요.

▶ ____

5. 시간이 없으니까 선물은 가는 길에서 삽시다.

▶ ____

③ 다음 이야기를 읽고 두 사람의 대화로 바꾸십시오.

친구에게 전화를 거니까 오늘이 자기 생일이라고 했다. 그래서 친구와 같이 점심을 먹자고 해서 시내에서 만났다. 친구에게 무엇을 먹고 싶냐고 물어 보니까 특별히 먹고 싶은 것이 없다고 했다. 생일인데 갈비나 스테이크를 먹는게 어떠냐고 물어봤다. 그러니까 친구가 요즘 소화가 잘 안 되니까 고기는 안 좋을 것 같다고 했다. 그럼 일식은 괜찮냐고 하니까 친구는 값이 좀 비싸지 않냐고 하면서 점심이니까 간단하게 먹자고 했다. 적당한 것이 있으면 이야기를 해 보라고 하니까 맵지 않은 생선찌개를 먹고 싶다고 했다. 그래서 동네 작은 식당에서 맵지 않게 만들어 달라고 주문을 해서 생선찌개를 맛있게 먹었다.

나　: 요즘 어떻게 지냅니까? 별일 없지요?

친구 : 사실은 오늘이 **1.** ___________________________.

나　: 그래요? 그럼, 같이 점심이라도 **2.** _________________.

(시내에서)

나　: 무엇을 먹고 싶어요?

친구 : **3.** _______________________________.

나　: 생일인데 갈비나 스테이크를 **4.** _________________?

친구 : 그런데 요즘 내가 소화가 잘 안되니까 **5.** _______________________.

나　: 그럼, 일식은 **6.** _________________.

친구 : 그건 값이 좀 **7.** _________________?

　　　점심이니까 간단하게 **8.** _________________.

나　: **9.** _______________________.

친구 : 맵지 않은 생선찌개를 먹고 싶어요.

(동네 식당에서)

나　: 아주머니, 생선찌개를 맵지 않게 **10.** _________________.

21

~던
~(이)라는
~다고요?

1 〈보기〉와 같이 문장을 완성하십시오.

보기

조금 전에 제가 **읽던** 신문이 없어져서 찾고 있어요.

1. 어제 ___________ 음식이 남았으니까 그걸 먹으면 돼요.

2. 아버지가 __________ 시계를 저에게 주셨어요.

3. 어제 __________ 이야기를 끝냅시다.

4. ___________ 날씨가 갑자기 추워져서 감기에 걸렸어요.

5. 경복궁이나 덕수궁은 옛날에 왕이 _____________________

2 대화를 완성하십시오.

1. 가 : 내일 만날 친구가 어떤 친구예요?

   나 : 어릴 때 같은 동네에서 ___________________

2. 가 : 대학교 때 자주 _______________ 어디예요?

   나 : 명동에 있는 '로즈'라고 하는 카페예요.

3. 가 : 리차드 씨는 영국에 돌아가면 새 직장을 구하실 거예요?

   나 : 아니요, _______________ 다시 다닐 거예요.

4. 가 : 차를 새로 사셨어요?

   나 : 새로 산 게 아니라 형이 ___________________

5. 가 : 고향에서 무슨 소식이 왔는데 그렇게 슬퍼해요?

   나 : ___________________ 개가 죽었다는 소식을 들었거든요.

3 그림을 보고 〈보기〉와 같이 문장을 완성하십시오.

보기

서울 명동에 가면 '**함흥면옥**'이라는
냉면집이 있는데 아주 맛있어요.

1.

그 영화배우는 ________________
영화에 출연해서 인기를 끌었어요.

2.

요즘 학생들 사이에서 ___________
게임이 최고 인기입니다.

3.

10년 전 쯤에 _________ 가수가 부른
_____________ 노래를 아세요?

4.

제가 어렸을 때 ______________
과자를 자주 사 먹었어요.

5.

'로미오와 줄리엣'은 ______________
남자와 ______________ 여자의
비극적인 사랑 이야기입니다.

4 〈보기〉와 같이 대화를 완성하십시오.

보기

> 가 : 어제 전주에 갔다 왔어요?
>
> 나 : 청주에 <u>갔다 왔냐고요?</u>
>
> 가 : 아니요, <u>전주에 갔다 왔냐고요.</u>

1. 가 : 돈이 있으면 한 100만 원만 빌려 줄 수 있어요?

   나 : _______________________________________?

2. 가 : 열흘 전에 제가 초대장을 보냈는데 받으셨죠?

   나 : _______________________________________?

3. 가 : 정 선생님이 쌍둥이를 낳았어요.

   나 : _______________________________________?

4. 가 : 호주로 이민을 가려고 해요.

   나 : _______________________________________?

5. 가 : 여보세요. 정택수 씨 좀 바꿔 주세요.

   나 : _______________? 안 들리니까 크게 말해 주세요.

   나 : _______________________________________

6. 가 : (택시 안에서) 아저씨, 신촌으로 가 주세요.

   나 : _______________________________________?

   가 : _______________________________________

7. 가 : 외할머니가 한국에 오셔서 공항에 나가 봐야 해요.

   나 : _______________________________________?

   가 : _______________________________________

~ 대로

1 〈보기〉와 같이 문장을 완성하십시오.

> **보기**
>
> 요리를 잘할 줄 몰라서 <u>요리책에 쓰여 있는 대로</u> 만들었어요.

1. 일이 _____________ 잘 되었습니다.

2. 설명서에 자세히 있으니까 _____________ 만들어 보세요.

3. (아이에게) 공공장소에서는 _____________ 행동하면 안 돼요.

4. 이 발음은 어려우니까 _____________ 따라 해 보세요.

5. 어제 무슨 얘기를 들었어요? _____________ 이야기해 주세요.

6. 우리 작은 아이는 뭐든지 형이 _____________

2 대화를 완성하십시오.

1. 가 : 저는 어제 술에 취해서 기억이 잘 안 나요.

　　나 : 그래도 _____________ 이야기해 주세요.

2. 가 : 이런 일은 해 본 적이 없어서 걱정이 돼요.

　　나 : 부장님이 _____________

3. 가 : 다음 달에는 바쁠 것 같은데 계획을 연기하면 안 될까요?

　　나 : 시간이 많이 걸리지 않을 테니까 _____________

4. 가 : 선생님 댁을 어떻게 찾아가려고 합니까?

　　나 : 선생님이 약도를 그려 주셨으니까 _____________

3 〈보기〉와 같이 문장을 완성하십시오.

보기

> 지난번에 <u>**만났던**</u> 다방에서 만납시다.

1. 아까 _______________ 사람이 또 전화했어요.

2. 저는 한 번 __________ 사람의 이름을 절대로 잊어버리지 않아요.

3. 어제 __________ 음식 중에서 제일 __________ 게 뭐예요?

4. 이 문제는 작년 시험에서 _______________ 문제예요.

5. 그 도시는 작년 여름에 태풍이 왔을 때 피해가 _______________

6. 이번 방학에는 평소에 _______________ 일을 꼭 할 거예요.

4 맞는 것을 고르십시오.

1. 친구가 (타던, 탔던) 차를 저에게 싸게 팔겠다고 해요.

2. 어제 (하던, 했던) 일이 끝나지 않아서 그걸 끝내야 해요.

3. 지난번에 사고가 (나던, 났던) 곳에서 또 사고가 났어요.

4. 지하철 안에서 (잃어버리던, 잃어버렸던) 우산을 다시 찾았어요.

5. 그 공원은 제가 남편과 첫 데이트를 (하던, 했던) 곳이에요.

5 '-던'이나 '-았/었/였던'을 이용하여 대화를 완성하십시오.

1. 가 : 뭘 그렇게 찾아요?

　　나 : 여기 ＿＿＿＿＿＿ 명함이 없어져서 그래요.

2. 가 : 우리 중학교 동창 중에 이창식이라는 이름 기억나요?

　　나 : 아! 네, 기억나요. ＿＿＿＿＿＿ 사람 아니에요?

3. 가 : 설악 호텔을 어떻게 그렇게 잘 알아요?

　　나 : ＿＿＿＿＿＿＿＿ 호텔이거든요.

4. 가 : 왜 2급을 또 공부해요?

　　나 : ＿＿＿＿＿＿＿＿ 다 잊어버렸거든요.

5. 가 : (박물관에서) 여기에는 어떤 물건들이 있나요?

　　나 : 조선 시대의 사람들이 ＿＿＿＿＿＿＿＿＿

6. 가 : 어렸을 때도 서울에서 살았어요?

　　나 : 아니요, ＿＿＿＿＿＿ 곳은 부산이에요.

7. 가 : 이 화려한 원피스는 뭐예요? 새로 맞추신 거예요?

　　나 : 아니요, ＿＿＿＿＿＿＿＿＿＿＿＿

6 〈보기〉와 같이 밑줄 친 부분을 고치십시오.

보기

그 사람은 몇 번 <u>만났어요. 그러니까</u> 개인적인 것은 잘 몰라요.

▶ 만났을 뿐이니까

1. 관심이 있어서 책 몇 권 <u>읽었어요.</u>

▶

2. 저는 <u>평사원입니다. 그러니까</u> 그런 문제에 대해선 잘 몰라요.

▶

3. 손님 <u>서너 명 초대했습니다. 그러니까</u> 간단하게 차리면 될 거예요.

▶

4. 어제는 피곤해서 <u>이야기를 하지 않았어요. 그런데</u> 사람들이 오해를 한 거예요.

▶

7 대화를 완성하십시오.

1. 가 : 인테리어 바꾸는 데 돈이 얼마나 들었어요?

나 : ＿＿＿＿＿＿＿＿＿＿＿＿＿＿＿＿＿＿＿ 500만 원이나 들었어요.

2. 가 : 어제 산에서 많이 다쳤어요?

나 : 아니요, ＿＿＿＿＿＿＿＿＿＿＿＿＿＿＿＿＿ 걱정하지 마세요.

3. 가 : 붓글씨를 오랫동안 배우셨으니까 이제는 굉장히 잘 쓰시겠네요.

나 : 취미로 ＿＿＿＿＿＿＿＿＿＿＿＿＿＿＿＿＿＿＿＿＿

4. 가 : 어제 같이 차를 마시던 사람이 누구예요? 애인이에요?

나 : 아니요, ＿＿＿＿＿＿＿＿＿＿＿＿＿＿＿＿＿＿＿＿＿

5. 가 : 홈페이지를 예쁘게 꾸몄네요. 대단하시네요.

나 : ＿＿＿＿＿＿＿＿＿＿＿＿＿＿＿＿＿＿＿＿＿＿＿＿

다면서요?

1 다음 이야기를 읽고 대화를 완성하십시오.

> 서혜진 씨는 어제 정보령 씨와 가요 콘서트에 갔습니다. 젊은 가수들도 나오고 나이 많은 가수들도 나왔습니다. 오래간만에 서혜진 씨가 대학 시절에 유행하던 노래도 들을 수 있었습니다. 신나는 댄스곡을 부를 때는 관객들도 일어서서 춤을 추었습니다. 그리고 가수가 객석으로 내려와 관객들과 어울려 노래를 불렀습니다. 가수가 서혜진 씨에게 와서 같이 하자고 해서 손을 잡고 춤을 추면서 노래를 불렀습니다. 정보령 씨에게도 같이 추자고 했지만 부끄럽다고 하면서 사양했습니다.
>
> 마지막에는 행운권 추첨도 있었는데 정보령 씨가 당첨되어서 문화 상품권을 받았습니다. 두 사람은 너무 기분이 좋아서 끝난 후에는 노래방에 가서 신나게 놀았습니다.

동　료 : 어제 콘서트에 <u>갔다면서요?</u>

서혜진 : 네, 그런데 어떻게 알았어요?

동　료 : 아까 보령 씨를 만났거든요. 가수들이 많이 **1.** ___________________

서혜진 : 네, 대학교 때 유행하던 노래도 들을 수 있어서 좋았어요.

동　료 : 혜진 씨가 가수와 같이 **2.** ___________________

서혜진 : 네, 좀 부끄러웠지만 재미있었어요.

동 료 : 보령 씨는 **3.** ____________________

서혜진 : 네, 보령 씨는 창피하다고 하면서 그냥 앉아 있었어요.

동 료 : 그리고 혜진 씨가 행운권 추첨에 **4.** ________________

서혜진 : 제가 아니라 보령 씨가 당첨되었어요.

동 료 : 그래요? 그리고 끝난 후에는 **5.** ________________

서혜진 : 네, 재미있었어요. 다음에 기회가 있으면 같이 갑시다.

② 〈보기〉와 같이 문장을 완성하십시오.

> **보기**
>
> 아주머니가 뭘 좋아하실지 몰라서 <u>선물 대신에 상품권을 준비했어요.</u>
> <u>오늘 먼저 퇴근하는 대신에</u> 내일은 일찍 나와야 돼요.

1. 어머니가 편찮으셔서 어머니 대신에 ____________________________

2. 소금이 떨어져서 소금 대신에 ____________________________

3. 아는 한국 노래가 없어요. ____________________________

4. 가 : 주말에 서현 씨 결혼식인데 가실 거지요?

　　나 : 바빠서 못 가요. ____________________________

5. 가 : 감기에 걸렸는데 약을 드셨어요?

　　나 : 아니요, ____________________________

6. 가 : 바빠서 휴가를 못 가셨군요.

　　나 : 네, 금년 여름에는 휴가를 가는 대신에 ____________________

7. 그 오피스텔은 ________________________ 시끄럽고 복잡해요.

8. 가 : 아파트에서 살면 편할 텐데 아파트로 이사를 가는 게 어때요?

　　나 : 아파트는 ____

9. ________________________ 수진 씨는 저한테 한국말을 가르쳐 주세요.

10. 영진 씨가 저를 도와주시는 대신에 ____________________________

③ 〈보기〉와 같이 문장을 완성하십시오.

보기

> 이 약은 위험하니까 <u>아이들이 만지지 못하게 하세요.</u>

1. 아이들에게 차도에서 놀지 말고 ____________________________

2. 시험 시간에 선생님이 학생들에게 ____________________________

3. 그 학교 기숙사는 규칙이 엄격해서 학생들에게 ________________

4. 모임에 참석하지 않는 사람에게 ____________________________

5. 경찰이 경기장 앞에 주차하려고 하는 차들을 ________________

1. 가 : 오늘 프랑스에서 오시는 거래처 손님은 누가 마중을 나갑니까?

　　나 : 모리스 씨에게 _________________________________

2. 가 : 집에 차도 있고 운전면허도 땄는데 왜 운전을 안 해요?

　　나 : 저는 하고 싶지만 _________________________________

3. 가 : 어제 콘서트에 가서 그 가수의 사인을 받았어요?

　　나 : 아니요, 대기실로 가려고 하는데 _____________________

4. 가 : 우리 애가 컴퓨터 게임을 너무 좋아해서 걱정이에요.

　　나 : 저는 하루에 2시간 이상 _______________________

5. 가 : 양 대리가 왜 갑자기 술을 끊었는지 알아요?

　　나 : _________________________________

24

아무리 ~아/어/여도
~대요.
~(으)면 되다

아무리 ~아/어/여도

1 그림을 보고 〈보기〉와 같이 문장을 완성하십시오.

보기 

<u>아무리 기다려도</u> 친구가

오지 않아요.

1. 

책이 어려워서 _______________

이해가 잘 안 돼요.

2. 

____

유리창이 깨끗해지지 않아요.

3. 

____

계속 졸려요.

4. 

____

살이 빠지지 않아요.

5. 

____

추워요.

2 〈보기〉와 같이 간접 화법으로 바꾸십시오.

보기

민정 씨가 "지금은 아무 것도 필요하지 않아요."라고 해요.

▶ <u>민정 씨가 지금은 아무 것도 필요하지 않대요.</u>

1. 장수창 씨가 "곧 사업을 시작할 예정입니다."라고 해요.

▶ ____

2. 담당 의사가 "할아버지 병이 가벼운 병이 아니에요."라고 해요.

▶ ____

3. 토니 씨가 "새 하숙집이 깨끗하고 아주 편해요."라고 해요.

▶ ____

4. 점원이 "일요일에는 문을 열지 않습니다."라고 해요.

▶ ____

5. 수미 씨가 "결혼하기 전에 남편과 10년 동안 사귀었어요."라고 해요.

▶ ____

6. 저 아이가 "무서워서 예방 주사를 맞지 않았어요."라고 해요.

▶ ____

7. 유 과장님이 "다른 일이 많아서 모임에 참석하지 못할 거예요."라고 해요.

▶ ____

8. 어제 만난 아줌마가 저에게 "왜 한국에 왔습니까?"라고 해요.

▶ ____

9. 교수님이 "한국 대학 생활이 어떻습니까?"라고 해요.

▶ ____

10. 선배가 "같이 일해 봅시다."라고 해요.

   ▶ ______________________________________

11. 언니가 "스키복은 빌려 입어도 되니까 사지 맙시다."라고 해요.

   ▶ ______________________________________

12. 아저씨가 "위험하니까 올라가지 마세요."라고 해요.

   ▶ ______________________________________

13. 영애가 "제가 사무실에 없으면 집으로 연락해 주십시오."라고 해요.

   ▶ ______________________________________

14. 교장 선생님이 "학생들에게 영어 노래를 가르쳐 주세요."라고 해요.

   ▶ ______________________________________

③ 대화를 완성하십시오.

1. 가 : 유 부장님은 왜 아직 안 오세요?

   나 : 어제 연락해 봤는데 ______________________________

2. 가 : 병원에 갔다 왔지요? 의사가 뭐라고 해요?

   나 : 스트레스가 쌓여서 위가 약해졌으니까 ____________________

3. 가 : 내일 등산갈 때 도시락을 준비해야 돼요?

   나 : 아니요, 과장님이 ______________________________

4. 가 : 오늘 회의가 왜 연기가 된 거예요?

   나 : ______________________________________

4 〈보기〉와 같이 알맞은 동사를 골라서 문장을 완성하십시오.

누르다, 끼우다, 돌리다, 뽑다, 갈다, 꽂다, 맞추다

보기

찍은 사진을 지우려면 이 버튼을 <u>누르면 돼요.</u>

1. 라디오 소리가 안 들리면 다이얼을 오른쪽으로 ___________________

2. 청소기 필터는 두 달에 한 번 정도 ___________________

3. 방이 밝지 않으면 여기에 형광등을 하나 더 ___________________

4. 내일 일찍 일어날 자신이 있냐고요? 알람시계를 ___________________

5. 사진을 컴퓨터로 연결해서 보려면 이 케이블을 여기에 ___________________

5 대화를 완성하십시오.

1. 가 : 어디에 서명을 해야 돼요?

　　나 : ___________________________________

2. 가(주민) : 아저씨, 재활용 쓰레기는 어떻게 해야 돼요?

　　나(경비) : 수요일 오후에 ___________________

3. 가 : 3시 약속인데 아직도 안 나가요?

　　나 : ___________________________________

4. 가 : 서류 정리를 하려고 하는데 지난 서류는 어디에 둘까요?

　　나 : 저쪽 서랍에 ___________________________

5. 가 : '용산 가족 공원'에 가는 길을 좀 가르쳐 주시겠어요?

　　나 : 다음 사거리에서 ___________________________

25

~아/어/여 놓다
~아/어/여야겠네요.
~ 다니요?

①  그림을 보고 〈보기〉와 같이 문장을 만드십시오.

보기 

지난번에 여행 가서 찍은 사진을

<u>벽에 걸어 놓았습니다.</u>

1. 

친구한테서 받은 꽃을

____

2. 

제가 저녁 식사를

____

3. 

어젯밤에 너무 피곤해서 설거지를

____

4. 

더러운 옷을 모두

____

5. 

공책에 이름을

____

2 〈보기〉와 같이 '놓다'를 알맞은 형태로 바꿔서 쓰십시오.

정민 씨, 거기 **걸어 놓은** 가방 좀 가지고 오시겠어요?
(걸다)

1. 먼지가 많이 날 테니까 먼저 창문을 ___________ 청소를 하세요.
(열다)

2. 내가 영화 표를 ___________ 인경 씨는 시간 맞춰서 극장 앞으로 오세요.
(사다)

3. 히터가 고장이 난 것 같아요. ___________ 따뜻하지 않네요.
(켜다)

4. 음식은 먹기 전에 만드는 게 좋아요. 미리 ___________ 맛이 없어요.
(만들다)

5. 이사요? 몇 군데 ___________ 아파트가 있기는 한데 아직 결정하지
(보다)
못했어요.

3 대화를 완성하십시오.

1. 가 : 추석 때 고향에 갈 거예요? 어떻게 가려고 해요?

　　나 : 기차로 갈 거예요. 인터넷으로 ___________________________

2. 가 : 이따가 오후에 방송국에서 저를 인터뷰하러 온다고요?

　　나 : 네, 인터뷰할 것을 미리 ___________________________

3. 가 : 내일 할 요리 재료는 다 사 놓으셨어요?

　　나 : 아니요, ___________________________

4. 가 : 교장 선생님을 만나고 싶은데요. 언제 가면 만날 수 있어요?

　　나 : 아주 바쁜 분이니까 ___________________ 만나러 가세요.

5. 가 : 할아버지가 며칠밖에 사실 수 없다고요?

　　나 : 네, 그렇습니다. 그러니까 마음의 준비를 ___________________

4 〈보기〉와 같이 대화를 완성하십시오.

보기

> 가 : 이 치즈는 유통 기한이 지났는데요.
>
> 나 : 그럼, <u>먹지 말아야겠네요.</u>

1. 가 : 오늘 밤에 손님이 10명 우리 집에 와요. 그래서 음식을 만들어야 해요.

나 : ____

2. 가 : 이 영화 제가 봤는데 아주 재미있었고 공부에도 도움이 되었어요.

나 : ____

3. 가 : 어제 산에 가서 넘어졌는데 팔이 계속 아파요.

나 : ____

4. 가 : '호수 공원'에서 꽃 축제를 한다고 하는데요.

나 : ____

5. 가 : 다음 주부터 장마가 시작되면 야채 값이 오를 텐데…….

나 : ____

6. 가 : 어제 유빈이를 만났는데 입사 시험에 떨어진 것 때문에 너무 우울해했어요.

나 : ____

7. 가 : 요즘 지독한 독감이 유행을 한대요.

나 : ____

8. 가 : 국이 좀 싱겁지 않아요? 간 좀 봐 주세요.

나 : ____

5 〈보기〉와 같이 대화를 완성하십시오.

> **보기**
>
> 가 : 이 일을 내일까지 끝내 주세요.
>
> 나 : 이렇게 많은데 <u>내일까지 끝내 달라니요?</u>

1. 가 : 자, 책을 덮으세요. 5분 테스트를 하겠어요.

　　나 : 선생님 갑자기 ＿＿＿＿＿＿＿＿＿＿＿＿＿＿＿＿＿＿＿

2. 가 : 윤희 씨! 저와 결혼해 주십시오.

　　나 : ＿＿＿＿＿＿＿＿＿＿＿＿＿ 저는 아직 그런 생각을 해 본 적이 없는데요.

3. 가 : 수술을 하시는 게 좋을 것 같은데요.

　　나 : ＿＿＿＿＿＿＿＿＿＿＿＿＿ 약으로는 치료가 안 되나요?

4. 가 : 이 가방 가짜 같은데요.

　　나 : ＿＿＿＿＿＿＿＿＿＿＿＿＿ 백화점에서 50만 원이나 주고 샀는데요.

5. 가 : 정수 씨, 미안해요. 어제 저 때문에 고생 많이 했지요.

　　나 : ＿＿＿＿＿＿＿＿＿＿＿＿＿ 친구끼리 그런 말하지 말아요.

6. 가 : 그 동안 여러 가지로 폐가 많았습니다.

　　나 : ＿＿＿＿＿＿＿＿＿＿＿＿＿ 제가 도움을 많이 받았는데요.

7. 가 : 우리 그만 산을 내려갑시다. 너무 힘들어서 더 이상 못 올라가겠어요.

　　나 : ＿＿＿＿＿＿＿＿＿＿＿＿＿ 조금만 더 가면 정상인데 힘내세요.

8. 가 : 소영 씨, 태준 씨를 좋아하세요?

　　나 : ＿＿＿＿＿＿＿＿＿＿＿＿＿ 그냥 친구일 뿐이에요.

① 맞는 것을 고르십시오.

1. 이건 작년 생일에 (받은 / 받던) 목걸이예요.

2. 서울 지하철에서 (재미있던 / 재미있었던) 경험이 있으면 말해 보세요.

3. (뭐라고요? / 뭐라니요?) 안 들리니까 크게 말해주세요.

4. 어제 친구한테 들었는데 상을 (받았다니요? / 받았다면서요?) 축하해요.

5. 어디에 서명을 (하면 / 해도) 돼요?

6. (소나기 때문에 / 소나기이기 때문에) 옷이 다 젖었어요.

7. (정기휴일 때문에 / 정기휴일이기 때문에) 문을 닫았습니다.

② (   ) 안에 있는 유형을 이용하여 같은 의미가 되게 문장을 만드십시오.

1. 이번 시험을 보지 않았어요. 보고서를 냈어요. (~대신에)

▶ ______________________________

2. 그 사람과는 특별한 관계가 아니라 회사 친구예요. (~(으)ㄹ 뿐이에요.)

▶ ______________________________

3. 그 문제를 조사하는 것은 홍 과장에게 시켰어요. (~게 하다)

▶ ______________________________

4. 제 동생은 밥을 다른 사람보다 훨씬 많이 먹지만 살이 찌지 않아요.

(아무리 ~아/어/여도)

▶ ______________________________

5. (컴퓨터 사용법) 표를 만들고 싶으면 여기를 클릭하세요. (~(으)면 돼요.)

▶ ______________________________

③ '〜(이)라는/다는/(느)ㄴ다는/(으)라는/자는'을 이용하여 〈보기〉와 같이 문장을 만드십시오.

이 표지판은 <u>여기에 주차하면 안 된다는</u> 의미입니다

1.

이 표지판은 ___________________ ___________ 의미입니다.

2.

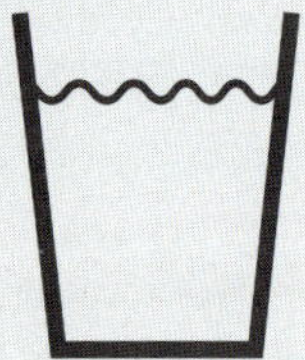

이 표지판은 ___________________ ___________ 의미입니다.

3.

이 표지판은 ___________________ ___________ 의미입니다.

4.

이 표지판은 ___________________ ___________ 의미입니다.

5.

이 표지판은 ___________________ ___________ 의미입니다.

6. 신호등의 빨간 불은 _______________ 의미입니다.

7. 남자가 여자에게 꽃다발을 선물하면 _______________ 의미입니다.

8. 일기예보에서 이 그림은 _____________ 의미입니다.

9. 입에 둘째 손가락을 대면 _______________ 의미입니다.

10. '입학 시험에서 미역국을 먹었다'고 말하면 _______________ 의미입니다.

④ 〈보기〉와 같이 알맞은 동사를 골라서 쓰십시오.

> 닦다,   쓸다,   다리다,   담다,   끓이다,
> 털다,   빨다,   치우다,   말리다,   버리다

보기

된장찌개를 맛있게 <u>**끓일**</u> 줄 알아요.

1. 걸레로 방바닥과 책장 위의 먼지를 __________아/어/여 놓았습니다.

2. 청바지는 세탁기로 __________(으)면 돼요.

3. 요즘 장마철이라서 선풍기를 켜 놓고 빨래를 _________아/어/여야겠네요.

4. 아이들에게 마당을 빗자루로 __________게 합니다.

5. 셔츠를 다리미로 __________아/어/여서 입습니다.

6. 저기 있는 나물 좀 접시에 __________아/어/여 주시겠어요?

7. 창문을 열어 놓고 이걸로 옷장 위의 먼지를 __________(으)라고 하세요.

8. 재활용 쓰레기는 어디에 __________(으)면 돼요?

～뿐만 아니라

1 〈보기〉와 같이 문장을 완성하십시오.

> **보기**
>
> 그 영화를 보고 <u>아이들뿐만 아니라 어른들도</u> 울었대요.
>
> <u>비가 올 뿐만 아니라 습기가 많아서</u> 기분이 나빠요.

1. 요즘은 ___________________ 주말에도 바빠요.

2. 오카베 씨는 ___________________ 전문적인 표현도 많이 알아요.

3. 새로 생긴 레스토랑이 ___________________ 음식 맛도 괜찮아요.

4. 이 청소기는 오래 돼서 ___________________ 소음이 많이 나요.

5. 서울 지하철은 ___________________ 편리해서 자주 이용해요.

2 질문에 대답하십시오.

1. 가 : 한국말에서 단어가 어려우세요?

　　나 : 네, ___________________________________

2. 가 : 요즘 그 일 때문에 바쁘신 거지요?

　　나 : 네, ___________________________________

3. 가 : 이 근처의 아파트 값이 비싼 이유가 뭐예요?

　　나 : ___________________________________

4. 가 : 왜 다른 하숙집으로 이사하려고 해요?

　　나 : ___________________________________

3 〈보기〉와 같이 대화를 완성하십시오.

> 가 : 저 배우가 요즘 많이 나오는 것 같아요.
>
> 나 : <u>연기를 잘하잖아요.</u>

1. 가 : 이 문법을 잘 모르겠는데 좀 가르쳐 주시겠어요?

　　나 : 벌써 두 번이나 ＿＿＿＿＿＿＿＿＿＿＿＿＿＿＿＿

2. 가 : 작년보다 생활비가 많이 드는 것 같아요.

　　나 : ＿＿＿＿＿＿＿＿＿＿＿＿＿＿＿＿＿＿＿＿＿＿

3. 가 : (12월 24일에) 늦은 밤인데 거리에 사람들이 굉장히 많네요.

　　나 : ＿＿＿＿＿＿＿＿＿＿＿＿＿＿＿＿＿＿＿＿＿＿

4. 가 : KTX를 자주 이용하시는군요.

　　나 : ＿＿＿＿＿＿＿＿＿＿＿＿＿＿＿＿＿＿＿＿＿＿

5. 가 : 요즘 아토피 환자가 많은 것 같아요.

　　나 : ＿＿＿＿＿＿＿＿＿＿＿＿＿＿＿＿＿＿＿＿＿＿

6. 가 : 인터넷으로 물건을 많이 사는군요.

　　나 : ＿＿＿＿＿＿＿＿＿＿＿＿＿＿＿＿＿＿＿＿＿＿

7. 가 : 결혼식이 2시인데 벌써 출발해요?

　　나 : ＿＿＿＿＿＿＿＿＿＿＿＿＿＿＿＿＿＿＿＿＿＿

27

~ 자마자
~(으)로
~ (으)ㄴ/는 사이에

1 그림을 보고 〈보기〉와 같이 문장을 만드십시오.

보기

집에 들어가자마자 잤어요.

1.

____

2.

____

3.

____

4.

____

5.

____

2 〈보기〉와 같이 대화를 완성하십시오.

보기

가 : 이 바지를 교환하실 겁니까?

나 : <u>네, 다른 색깔로 사고 싶은데요.</u>

1. 가 : (기차 역) 3시 표하고 5시 표가 있는데 몇 시 표로 하시겠어요?

   나 : ______________________________________

2. 가 : 하얀색하고 분홍색 중에서 무슨 색으로 보여 드릴까요?

   나 : ______________________________________

3. 가 : 어버이날에 옷을 사 드릴까요? 돈을 드릴까요?

   나 : ______________________________________

4. 가 : 100만 원을 수표 한 장으로 드릴까요?

   나 : 아니요, __________________________________

5. 가 : (신용카드) 일시불로 하시겠어요? 할부로 하시겠어요?

   나 : ______________________________________

6. 가 : 어떤 예금으로 하시겠습니까?

   나 : ______________________________________

7. 가(식당종업원) : 식사는 스테이크로 하시고, 수프와 음료는 뭘로 하시겠어요?

   나(손님) : 수프는 __________________________________

   　　　　　 음료는 __________________________________

8. 가 : 노트북 컴퓨터를 사실 거예요? 데스크톱 컴퓨터를 사실 거예요?

   나 : ______________________________________

③ 알맞은 것을 고르십시오.

1. 사장님이 (나가시는 / 나가신) 사이에 중요한 전화가 왔어요.

2. 남편이 출장 (가는 / 간) 사이에 부인이 아기를 낳았어요.

3. 아이가 (자는 / 잔) 사이에 밀린 일을 해 놓았어요.

4. 잠깐 다른 생각을 (하는 / 한) 사이에 물어봐서 못 들었어요.

5. 주인이 가게를 잠깐 (비우는 / 비운) 사이에 손님이 왔어요.

④ 〈보기〉와 같이 문장을 완성하십시오.

보기

　　제가 없는 사이에 동생이 제 차를 가지고 나갔어요.

1. _________________________ 강아지가 집을 나갔대요.

2. _________________________ 아이가 다쳤어요.

3. 백화점에서 _________________________ 아이를 잃어버렸어요.

4. _________________________ 생선이 다 탔어요.

5. _________________________ 거래처 사람이 왔다가 갔어요.

6. 선생님이 _________________________ 학생들이 과자를 먹었어요.

7. _________________________ 제 방에 도둑이 들었어요.

8. 어머니가 _________________________ 저하고 아버지가 집안일을 했어요.

～만큼

1 〈보기〉와 같이 두 단어 중 한 개를 골라서 문장을 완성하십시오.

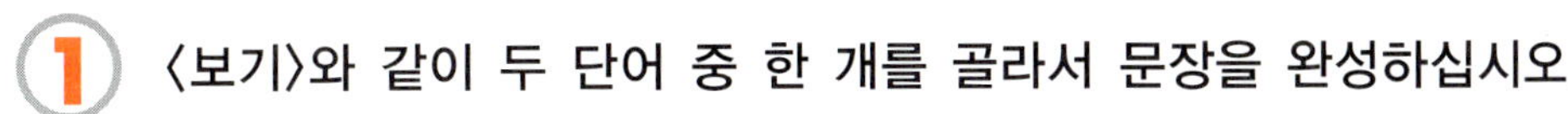

보기

그 사람은 (__가수__ / 운동선수)만큼 __노래를 잘 불러요.__

1. 제 고향은 (시베리아 / 하와이)만큼 ___________________

2. 우리 할아버지는 (젊은 사람 / 호랑이)만큼 ________________

3. 그 사람 목소리가 (모기 소리 / 천둥소리)만큼 _______________

4. 저는 요즘 (학생 때 / 10년 전)만큼 ___________________

5. 그 배우를 직접 만나보니까 (생각 / 소문)만큼 ________________

2 대화를 완성하십시오.

1. 가 : 여기 있는 물건을 그냥 가져가도 돼요?

　나 : 네, ___________________ 가지고 가세요.

2. 가 : 어제 운동을 좀 많이 하셨나요?

　나 : 아니요, 늘 ___________________ 했을 뿐인데, 무릎이 아프네요.

3. 가 : 시험 성적이 잘 나왔어요?

　나 : 아니요, ___________________________

4. 가 : 내일은 음식을 얼마나 준비해야 되나요?

　나 : 한 5명이 ___________________________

5. 가 : 오랜만에 고향에 가 보니까 어땠어요? 많이 변했나요?

　나 : 네, ___________________________

3 〈보기〉와 같이 알맞은 것을 골라서 문장을 완성하십시오.

성적, 적성, 취향, 결과, 사정, 기간, 방법

보기

성적에 따라 반을 나누려고 합니다.

1. 같은 재료라도 요리 _____________ 이렇게 달라지는군요.

2. 여론 조사 _____________ 정책을 바꾸려고 합니다.

3. 소비자들이 _____________ 제품의 디자인과 색깔을 선택할 수 있습니다.

4. 아이의 _____________ 전공을 선택하는 게 좋지 않을까요?

5. 이 프로그램은 방송사의 _____________ 변경될 수 있습니다.

6. 이자율은 예금 _____________ 달라집니다.

4 대화를 완성하십시오.

1. 가 : 전기 요금과 수도 요금은 얼마나 내야 해요?

　　나 : _____________ 제가 매달 이야기해 드리겠습니다.

2. 가 : 한국에서 결혼할 때 부모님 선물은 어떻게 준비해야 해요?

　　나 : _____________ 잘 의논해서 하세요.

3. 가 : 서울 버스 요금이 얼마예요?

　　나 : 서울에는 버스 종류가 많은데 _____________

4. 가 : 어제는 전국적으로 비가 많이 왔나요?

　　나 : 아니요, _____________ 많이 온 곳도 있고 적게 온 곳도 있어요.

29

~는 걸 깜빡 잊어버렸어요.
~는 대로
~아/어/여야

~는 걸 깜빡 잊어버렸어요.

① 다음 이야기를 읽고 대화를 완성하십시오.

보기

숙제 공책 가지고 오는 걸
깜빡 잊어버렸어요.

1.

____

____

2.

____

____

3.

____

____

4.

____

____

5.

____

____

② 대화를 완성하십시오.

1. 가 : 자동차세 연체료가 나왔네요. 세금 안 냈어요?

　　나 : 네, 요즘 바빠서 _______________________________

2. 가 : 시험을 보면서 무슨 실수를 한 거예요?

　　나 : _____________________ 시험지를 제출했어요.

3. 가 : 약을 3일분 지었는데 많이 남았네요.

　　나 : 네, _____________________ 많이 남았어요.

4. 가 : 이 서류들 한 부씩 복사하셨죠?

　　나 : 죄송해요. _______________________________

5. 가 : 왜 집에서 나왔다가 다시 들어갔어요?

　　나 : _______________________________

6. 가 : 이 불고기 맛이 왜 이래요?

　　나 : 아! 참, _______________________________

7. 가 : 오늘 모임에 정연 씨가 안 왔네요.

　　나 : 저 때문이에요. 제가 _____________________

8. 가 : 어제 지출한 돈 영수증을 받아 왔지요?

　　나 : 아이고, _______________________________

③ 〈보기〉와 같이 문장을 완성하십시오.

보기

<u>검사 결과가 나오는 대로</u> 알려 주세요.

1. ______________________________ 자동차를 사고 싶어요.

2. ______________________________ 시작하겠습니다.

3. ______________________________ 저는 떠날 거예요.

4. ______________________________ 취직하려고 합니다.

5. ______________________________ 답장을 주세요.

④ 대화를 완성하십시오.

1. 가 : 사장님이 들어오시면 뭐라고 전해 드릴까요?

   나 : ______________________________

2. 가 : 안개가 많이 끼었는데, 언제쯤 비행기가 출발할 수 있습니까?

   나 : 지금은 어렵고 ______________________________

3. 가 : 이 책이 재미있겠네요. 나중에 좀 빌려 주시겠어요?

   나 : 네, ______________________________

4. 가 : 제가 빌려 드린 돈을 좀 빨리 갚을 수 있어요?

   나 : ______________________________

5. 가 : 시골로 이사하신다면서요? 언제 이사를 하실 거예요?

   나 : ______________________________

5 〈보기〉와 같이 대화를 완성하십시오.

보기

> 가 : 간이 나빠졌다고요? 어떻게 해야 해요?
>
> 나 : <u>과로하지 말고 술을 끊어야</u> 간이 회복될 거예요.

1. 가 : 올해는 비가 너무 안 와서 걱정이네요.

　　나 : 글쎄 말이에요. ＿＿＿＿＿＿＿＿ 조금이라도 추수를 할 수 있을 텐데…….

2. 가 : 마가렛 씨와 친하잖아요? 그 일을 같이 하자고 설득해 보세요.

　　나 : 그런데 저도 요즘은 만날 수가 없어요. ＿＿＿＿＿＿＿＿＿＿＿＿

3. 가 : 한국어 중에서 한자 단어는 쉬운데 고유어가 어려워요.

　　나 : 그래도 자꾸 ＿＿＿＿＿＿＿＿＿＿ 익숙해져요.

4. 가 : 옛날엔 몰랐는데 한국에 와서 혼자 있으니까 가족들이 그리워요.

　　나 : 맞아요. ＿＿＿＿＿＿＿＿＿＿ 가족의 소중함을 알게 돼요.

5. 가 : 그 사람이 1주일간 굶어서 10kg을 뺐대요.

　　나 : 믿을 수 없네요. ＿＿＿＿＿＿＿＿＿＿ 믿을 수 있을 것 같아요.

6. 가 : 미국에 가서도 차를 운전하고 싶은데요.

　　나 : 그래요? ＿＿＿＿＿＿＿＿＿＿ 운전할 수 있을 거예요.

~(이)라면

1 〈보기〉와 같이 두 단어 중 한 개를 골라서 문장을 완성하십시오.

보기

내가 (<u>여자</u> / 남자)라면 <u>발레리나가 되고 싶어요.</u>

1. 지금이 (여름 / 겨울)이라면 ________________________

2. 내가 (백만장자 / 인기 배우)라면 ________________________

3. 그 소문이 (사실 / 거짓말)이라면 ________________________

4. 제가 (우리 어머니 / 우리 아버지)라면 ________________________

5. 제가 (대통령 / 우리 회사 사장)이라면 ________________________

2 대화를 완성하십시오.

1. 가 : 아이들도 이 영화를 볼 수 있나요?

   나 : ________________________(이)라면 볼 수 있을 거예요.

2. 가 : 내일 파티에 음식 좀 집에서 만들어 올 수 있어요?

   나 : ________________________(이)라면 만들어 올 수 있어요.

3. 가 : 제 실력으로 한국 소설책을 읽을 수 있을까요?

   나 : ________________________

4. 가 : 겨울 코트 한 벌 사고 싶은데 가격이 얼마나 할까요?

   나 : ________________________

5. 가 : 의논하고 싶은 일이 있는데 시간 있으세요?

   나 : 지금 너무 바쁘거든요. ________________________

3 〈보기〉와 같이 문장을 완성하십시오.

보기

> 내일 9시에 <u>출발하기로 했으니까</u> 늦지 말고 오세요.

1. 이번 휴가 때는 _______________________________

2. 환자 상태가 좋지 않아서 수술 날짜를 _______________________

3. 앞으로는 빠지지 않고 운동을 _____________________________

4. 새로운 프로젝트는 최 과장에게 ___________________________

5. 동창들과 다음 주 토요일 7시에 _________________ 시간 있으면 오세요.

4 대화를 완성하십시오.

1. 가 : 학원 팸플릿이네요. 외국어 공부하시려고요?

   나 : 네, 그동안 생각만 했는데 다음 달부터 _______________________

2. 가 : 아파트 계약을 하셨어요? 몇 년 계약으로 하셨어요?

   나 : 네, 계약 기간은 _________________________________

3. 가 : 왜 고기를 안 먹어요?

   나 : 다이어트 중이니까 가능하면 _______________________

4. 가 : 일본에 돌아갈 때 쓰던 물건을 다 가져갈 거예요?

   나 : 아니요, _________________________________

5. 가 : 다음 주부터 겨울 방학인데 계획이 있어요?

   나 : _______________________________ 잘 될지 모르겠어요.

① 알맞은 조사를 골라서 쓰십시오.

> ~(으)로,　~만큼,　~(이)랑,　~에,　~(이)라도,　~까지

1. 저는 잘 모르니까 맵지 않은 것(　　　) 시켜 주세요.

2. 그 문제라면 김 대리(　　　) 의논해 보세요.

3. 학교를 졸업하는 대로 군대에 가기(　　　) 했습니다.

4. 술도 많이 마시면 담배(　　　) 건강에 나쁜가요?

5. 김치의 맛과 종류는 지방(　　　) 따라 다릅니다.

6. 오랜만에 만났는데 어디 가서 차(　　　) 한잔합시다.

7. 상장도 받고 상품(　　　) 받았다고요? 좋았겠네요.

② 문장을 완성하십시오.

1. 부모님이 집을 비운 사이에 ________________________

2. 지금 살고 있는 사람이 집을 비우는 대로 ________________

3. 잠깐 가게를 비울 경우에는 ________________________

4. 사장님이 사무실을 비우자마자 ________________________

5. 그 사람은 자리를 자주 비울 뿐만 아니라 ________________

6. 한국에서는 상대방이 술잔을 비워야 ________________

1. 피터 씨는 한국말도 잘하고 중국말도 잘해요. (~(으)ㄹ 뿐만 아니라)

▶ ____

2. 어제 친구와 여행 계획을 세웠어요. 7월 말에 유럽으로 배낭 여행을 갈 거예요.

(~기로 하다)

▶ ____

3. 사투리는 지방마다 다릅니다. (~에 따라)

▶ ____

4. 결과가 나오면 곧 연락을 드리겠어요. (~는 대로)

▶ ____

5. 만약에 예정이 바뀌면 알려 주세요. (~(으)ㄹ 경우에는)

▶ ____

6. 건강이 회복되지 않아서 아직 다시 일을 시작할 수 없어요. (~(으)ㄹ 만큼)

▶ ____

7. 눈이 내린 후에 금방 녹았어요. (~자마자)

▶ ____

8. 집을 사려면 열심히 돈을 모아야 해요. (-아/어/여야)

▶ ____

4 맞는 것을 고르십시오.

1. (필요한 / 필요할) 만큼, (쓰는 / 쓸) 만큼 가져가세요.

2. 어젯밤에 (들은 / 듣는) 대로 이야기해 주세요.

3. 사장님이 (돌아오실 / 돌아오시는) 대로 시작합시다.

4. 친구와 여행을 (했기로 / 하기로) 했다가 갑자기 일이 생겨서 취소했어요.

5. 그 책을 (읽었을 / 읽은) 뿐만 아니라 영화까지 봤어요.

5 알맞은 것을 골라서 쓰십시오.

> 사이에, 길에, 도중에, 대신에, 경우에

1. 내일 시내에 볼일이 있는데 가는 ______________ 영수 씨 사무실에 잠깐 들르고 싶은데요.

2. 사장님이 회의 ______________ 갑자기 쓰러지셨어요.

3. 제가 군대에 간 ______________ 친구들은 벌써 졸업하고 취직도 했어요.

4. 계획이 취소되는 ______________ 어떤 일을 해야 하나요?

5. 그 건물은 교통이 편리한 ______________ 임대료가 비싸요.

해답

1과

①
1. 회의 중입니다. (회의를 하는 중입니다.)
2. 식사 중입니다. (식사를 하는 중입니다.)
3. 통화 중입니다. (전화하는 중입니다.)
4. 출장 준비를 하는 중입니다.
5. 생각 중입니다. (생각을 하는 중입니다.)

②
1. 가는 중이니까
2. 외출 중이니까
3. 운전 중에는
4. 배우는 중이라서
5. 알아보는 중인데

③
1. 주말에 돌아가거든요.
2. 친구가 입원했거든요.
3. 부산이거든요.
4. 일이 늦게 끝났거든요.
5. 요즘 몸이 좀 안 좋거든요.

④
1. 샀거든요.
2. 신제품이거든요. (산 지 1년밖에 안 됐거든요.)
3. 다르거든요. (안 맞거든요.)
4. 필요 없거든요.
5. 받았거든요.
6. 가지고 왔거든요. (산 거거든요.)

2과

①
1. 자동차 (인테리어, 법률)에 대한 책이에요.
2. 한국에 온 후부터 한국에 대해서 관심이 생겼어요.
3. 지하철 사고에 대한 기사가 났어요.
4. 한국 생활 (회사 일, 여자 친구)에 대해서 이야기했어요.

5. 고향 (취미, 결혼)에 대한 질문을 자주 받아요.

6. 경제에 대한 기사를 스크랩해요.

7. 방문 목적에 대한 질문을 많이 할 거예요.

8. 내년 사업 계획에 대해서 회의를 할 거예요.

②

1. 고장이 나 가지고

2. 우산을 넣어 가지고

3. 세탁해 가지고 (빨아 가지고) 입었습니다.

4. 편지를 써 가지고 부쳤습니다.

5. 음식을 만들어 가지고 친구와 같이 먹었습니다.

③

1. 꽂아 가지고   **2.** 모아 가지고   **3.** 잘라 가지고

4. 안 돼 가지고   **5.** 몰라 가지고

④

1. 우리 집에 초대해 가지고 파티를 할 거예요.

2. 중국 음식을 시켜 가지고 먹었어요.

3. 써 가지고 오세요.

4. 생겨 가지고 연기했어요.

5. 더워 가지고 (귀찮아 가지고) 잘랐어요.

3 과

①

1. 한 대도 없어요.   **2.** 한 명도 없어요.

3. 하나도 없어요.   **4.** 한 곡도 (하나도) 없어서……

5. 한 권도 없어요.

②

1. 그 의자말고 소파에 앉으세요.   **2.** 버스말고 택시를 탑시다.

3. 떠들지 말고   **4.** 버리지 말고

5. 술만 마시지 말고 (너무 괴로워하지 말고)

③
1. 책말고 다른 걸 사 주세요.
2. 내일말고 주말에 만납시다.
3. 오늘말고 수요일 저녁에 버리세요.
4. 싸지 말고 그냥 주세요.
5. 지금 넣지 말고 고기가 익은 후에 넣으세요.
6. 이번엔 거기말고 다른 데로 갑시다.
7. 설탕을 넣지 말고 그냥 주세요.
8. 직접 오시지 말고 이메일이나 우편으로 보내세요.

4과

①
1. 도착 예정 시간이 몇시인가요?
2. 그 지방에서는 무엇이 유명한가요?
3. 음식을 가지고 들어가도 되나요?
4. 생겼나요? (있나요?)
5. 가서 빌릴 수 있나요?
6. 시간이 나나요? (있나요?)
7. 맵지 않은가요? (어떤 맛인가요?)
8. 무슨 일이 있나요? (누가 오시나요?)

②
1. 저에게 연락하십시오.   2. 같이 한잔합시다.   3. 돈이 생기거든
4. 이번 일이 끝나거든   5. 나중에 기회가 있거든 (방학이 되거든)

③
1. 읽고 싶거든 빌려 가세요.
2. 결과가 나오거든 (채점이 다 되거든)
3. 토미 씨를 만나거든 안부를 전해 주세요.
4. 마음에 들지 않거든 바꾸세요.
5. 졸리거든 다음 휴게소에서 쉽시다.

5과

①　1. 지진이 나서 건물이 흔들려요.　2. 불이 나서 소방차가 왔어요.
3. 감기에 걸려서 기침이 나요.　4. 드라마가 슬퍼 가지고 눈물이 나요.
5. 전화번호가 생각나지 않아요.

②　1. 피가 나서요.　2. 땀이 많이 나요.　3. 고장이 나서　4. 큰일 났어요.

③　1. 나고　2. 나서 (나 가지고)　3. 낼　4. 나서 (나 가지고)　5. 났습니다.

④　1. 곧 손님이 오실 테니까　2. 사람이 많을 테니까 (표가 없을 테니까)
3. 비가 올 테니까　4. 책상이 무거울 테니까
5. 날씨가 더울 테니까

복습 (1과 ~ 5과)

①　1. 못했나요?　2. 대해서　3. 아니고　4. 발고
5. 모자라　6. 먹으면　7. 으로 해서

②　1. 한 편도 못 봤어요.　2. 한 줄도 못 썼어요.　3. 한 잠도 못 잤어요.
4. 한 마디도 못 했어요.　5. 한 번도 안 했어요.　6. 한 곡도 없어요.

6과

①　1. 그 가수 콘서트를 어디에서 하는지 아세요?
2. 친구가 지금 집에 있는지 없는지 몰라서 전화 안 했어요.
3. 그 사람이 왜 갑자기 회사를 그만두었는지 궁금해요.
4. 지금 어디가 불편하신지 말씀해 보세요.
5. 이 일을 어떻게 하면 좋을지 생각해 봅시다.

②
1. 무슨 병인지 모릅니다.　　2. 어느 팀이 이겼는지 몰라요.
3. 큰지 작은지 잘 모르겠어요.　　4. 어떻게 만드는지 잘 몰라요.

③
1. 너무 졸려서 잤어요.
2. 힘들어서 그만두었어요.
3. 두 번째 사거리에서 오른쪽으로 가면 있어요.
4. 서울로 이사 왔어요.　　5. 2호선을 타고 가다가
6. 숙제를 하다가 (책을 읽다가)　　7. 같이 이야기하다가

④
1. 왼쪽으로 200m쯤 가다가 보면 나올 거예요.
2. 오른쪽으로 돌아서 가다가 두 번째 골목으로 들어가서 왼쪽에 있는 세 번째 집이에요.
3. 오른쪽으로 돌아서 가다가 보면 왼쪽에 교회가 있는데 그 옆에 있어요.

7과

①
1. 책이 어려울 텐데　　2. 책이 재미있을 텐데　　3. 올 텐데
4. 오지 않을 텐데　　5. 왔을 텐데

②
1. 좀 클 텐데
2. 잠이 오지 않을 텐데 그냥 주무세요.
3. 지금 안 계실 텐데 (퇴근하셨을 텐데) 내일 하는 게 어때요?
4. 도착했을 텐데
5. 알고 있을 텐데

③
1. 문을 열었다가 시끄러워서 닫았어요.
2. 겨울옷을 넣었다가 추워서 다시 꺼냈어요.
3. 에어컨을 켰다가 추워서 껐어요.
4. 편지를 썼다가 마음에 안 들어서 지웠어요.
5. 머리를 묶었다가 안 어울려서 풀었어요.
6. 책을 폈다가 너무 졸려서 덮었어요.

4 **1.** 취소했어요.   **2.** 바꿨어요. (환불했어요.)   **3.** 들어갔다가   **4.** 붙였다가

5 **1.** 정장 (투피스)을 입고 갔어요.
2. 손을 잡고 가고 (걸어가고) 있어요.
3. 카메라를 가지고 (들고, 메고) 가요.
4. 기차를 타고 가고 싶어요.
5. 외투를 입고 모자를 쓰고 목도리를 하고 갔어요.

8과

1 **1.** 떨어져 있어요.   **2.** 서 있어요.   **3.** 누워 계세요.   **4.** 피어 있어요.
5. 붙어 있으니까   **6.** 죽어 있어요.   **7.** 차 있어요.

2 **1.** 살아 계세요.   **2.** 가 있어요.   **3.** 남아 있으니까
4. 앉아 있는   **5.** 들어 있어요.

3 **1.** 종이를 자르려면 가위가 있어야 해요.
2. 과일을 깎으려면 칼이 있어야 해요.
3. 문을 잠그려면 열쇠가 있어야 해요.
4. 글자를 지우려면 지우개가 있어야 해요.
5. 종이를 찍으려면 호치키스가 있어야 해요.
6. 못을 박으려면 망치가 있어야 해요.
7. 원을 그리려면 컴퍼스가 있어야 해요.

4 **1.** 빨리 승진하려면 다른 사람보다 열심히 일해야 해요.
2. 진료 받으려면 미리 예약해야 해요. (오래 기다려야 해요.)
3. 실수하지 않으려면 연습을 많이 해야 해요.
4. 떨어지지 않으려면 열심히 공부해야 해요.

9과

①

	~이	~어 있다		~이	~어 있다
보다	보이다	***	쓰다	쓰이다	쓰여 있다
놓다	놓이다	놓여 있다	쌓다	쌓이다	쌓여 있다
묶다	묶이다	묶여 있다	바꾸다	바뀌다	바뀌어 있다

	~히	~어 있다		~히	~어 있다
닫다	닫히다	닫혀 있다	잡다	잡히다	잡혀 있다
먹다	먹히다	***	꽂다	꽂히다	꽂혀 있다
뽑다	뽑히다	뽑혀 있다	묻다	묻히다	묻혀 있다

	~리	~어 있다		~리	~어 있다
듣다	들리다	***	팔다	팔리다	***
열다	열리다	열려 있다	걸다	걸리다	걸려 있다
달다	달리다	달려 있다	풀다	풀리다	풀려 있다

	~기	~어 있다		~기	~어 있다
끊다	끊기다	끊겨 있다	안다	안기다	안겨 있다
쫓다	쫓기다	***	빼앗다	빼앗기다	***

②
1. 놓여 있네요.
2. 쌓여요.
3. 보이면
4. 뽑혔어요.
5. 묻혀 있어요.
6. 들리지

③
1. 잡혔어요, 잡히지 않았어요.
2. 끊겨서
3. 깔려 있지 않으니까
4. 모이지 않으면
5. 물렸는데 이렇게 됐어요.

④
1. 놓여 있어요.
2. 쓰여 있어요.
3. 걸려 있어요.
4. 깔려 있어요.
5. 달려 있어요.
6. 쌓여 있어요.

6

1. 감기에 걸리기 쉬우니까
2. 생기기 쉬워요.
3. 위가 나빠지기 쉬우니까
4. 병에 걸리기 (병나기) 쉬우니까
5. 틀리기 쉬운

7

1. 상하기 쉬우니까
2. 실수하기 쉬우니까 너무 서두르지 마세요.
3. 잊어버리기 쉬워서요.
4. 사고가 나기 쉬우니까 천천히 가세요.

10 과

1

먹다	~이	~어요.		죽다	~이	~어요.
먹다	먹이다	먹여요.		죽다	죽이다	죽여요.
보다	보이다	보여요.		속다	속이다	속여요.

	~히	~어요.			~히	~어요.
읽다	읽히다	읽혀요.		입다	입히다	입혀요.
앉다	앉히다	앉혀요.		익다	익히다	익혀요.

	~리	~어요.			~리	~어요.
알다	알리다	알려요.		살다	살리다	살려요.
울다	울리다	울려요.		돌다	돌리다	돌려요.

	~기	~어요.			~기	~어요.
웃다	웃기다	웃겨요.		맡다	맡기다	맡겨요.
벗다	벗기다	벗겨요.		씻다	씻기다	씻겨요.

	~우	~어요.			~우	~어요.
자다	재우다	재워요.		타다	태우다	태워요.
서다	세우다	세워요.		깨다	깨우다	깨워요.

②
1. 앉히고 있어요. (앉혔어요.)　　2. 울렸어요.　　3. 태우고 있어요.
4. 죽였어요.　　5. 입혀 주고 있어요.

③
1. 아버지를 깨웠습니다.　　2. 음식을 남겼습니다.
3. 그 사람을 살렸습니다.　　4. 사람들을 웃깁니다.
5. 생선을 까맣게 태웠습니다.　　6. 아이에게 밥을 먹입니다.
7. 학생에게 책을 읽힙니다.　　8. 제게 그 일을 맡겼습니다.
9. 제게 그 소식을 알려 줍니다.

④
1. 취소하게 (연기하게) 됐어요.
2. 잇게 (하게) 됐어요.
3. 중고차를 싸게 사게 (홈 스테이를 하게, 그 회사에서 일하게) 됐어요.
4. 아르바이트를 그만두게 돼서
5. 다시 한국에 오게 되면

⑤
1. 서로 성격이 맞지 않아서 헤어지게 됐어요.
2. 아마 다음 달부터는 거기에서 근무할 수 있게 될 거예요.
3. 걷게 (걸을 수 있게) 될 테니까 너무 걱정하지 마세요.
4. 학생 때부터 컴퓨터에 관심이 많아서 (컴퓨터를 좋아해서) 이 일을
   하게 됐어요.
5. 못하게 될 것 같아요.

복습 (6과 ~ 10과)

①
1. 바뀌었나요?, 바꿨어요.　　2. 붙였는지, 붙어
3. 열려, 열었어요.　　4. 보면, 보여
5. 보이지, 봤는데요.　　6. 팔았네요., 팔렸어요.
7. 죽었다면서요?, 살리려고

②
1. 몇　　2. 무슨　　3. 어디 (어디에)　　4. 언제 (어디에서)　　5. 누가　　6. 뭘

③

1. 늦지 않으려면 지금 출발해야 합니다.

2. 그 인터넷 사이트에 어떻게 접속해야 하는지 설명해 주세요.

3. 곧 회의가 시작될 텐데 왜 아직 안 와요?

4. 정민이는 숙제를 하다가 친구가 불러서 나갔어요.

5. 사진을 찍었다가 마음에 안 들어서 지웠어요.

6. 갑자기 어지러워 가지고 좀 쉬고 있어요.

11 과

①

1. 그 보고서를 읽고 나서 (우리 회사를 보고 나서)

2. 한국말 (태권도, 한국 요리)을 배우고 난 후에

3. 같이 여행을 다녀오고 난 다음에

4. 시내 연수를 몇 번 하고 나니까　　　5. 한국말을 배우고 나면

②

1. 비누를 바꾸고 (일광욕을 하고) 난 후에　　2. 광고를 하고 나서

3. 여행사에 알아보고 나서　　4. 저는 이 일을 끝내고 나서

③

ㅅ불규칙동사	~아/어요.	~았/었어요.	~(으)ㄹ 거예요.	~(으)면
짓다	지어요.	지었어요.	지을 거예요.	지으면
낫다	나아요.	나았어요.	나을 거예요.	나으면
잇다	이어요.	이었어요.	이을 거예요.	이으면
붓다	부어요.	부었어요.	부을 거예요.	부으면
긋다	그어요.	그었어요.	그을 거예요.	그으면
*웃다	웃어요.	웃었어요.	웃을 거예요.	웃으면
*씻다	씻어요.	씻었어요.	씻을 거예요.	씻으면
*벗다	벗어요.	벗었어요.	벗을 거예요.	벗으면

④ **1.** 짓고　　**2.** 지어　　**3.** 지었어요.　　**4.** 지어(지어 가지고)　　**5.** 지어

12 과

① **1.** 아주 비싸 보여요.　　**2.** 젊어 보여요.　　**3.** 훨씬 넓어 보이는 것 같아요.
4. 날씬해 보여요.　　**5.** 아주 피곤해 보여요.

② **1.** 배가 불러서 죽겠어요.　　　　**2.** 어려워서 죽겠어요.
3. 피곤해서 죽겠어요.　　　　**4.** 이가 아파서 죽겠어요.
5. 가방이 무거워서 죽겠어요. (팔이 아파서 죽겠어요.)

③ **1.** 드시죠.
2. 큰 걸 신어 보시죠.
3. 소화제를 드시죠. (소화가 잘 되는 음식을 드시죠.)
4. 제 핸드폰을 쓰시죠. (제 핸드폰으로 거시죠.)
5. 4층으로 가시죠.

④ **1.** 네, 저쪽으로 앉으시죠. (앉아서 기다리시죠.)　　**2.** 받으시죠.
3. 소금을 조금 넣으시죠.　　　　**4.** 따라오시죠.

13 과

① **1.** 기분이 우울해요. (가게에 손님이 없어요.)
2. 요리에 대해서는 모르는 게 없어요. (음식 솜씨가 좋은 것 같아요.)
3. 주인이 친절해서 그런지
4. 날씨가 더워서 그런지
5. 신제품이어서 그런지

② **1.** 요즘 바빠 보여요. (보기가 어려웠군요.)
2. 살도 좀 빠진 것 같네요. (건강이 좋아 보여요.)

3. 그래서 그런지 요즘 더 예뻐진 것 같아요.

4. 그래서 그런지 요즘 걱정이 많아 보였군요.

3 **1.** 사탕이나 초콜릿처럼　　**2.** 가족처럼

3. 우리집처럼 편해요.　　**4.** 엔도 씨처럼 한국말을 잘했으면 좋겠어요.

4 **1.** 호수처럼 맑은 (깊은)　　**2.** 호랑이처럼 무서운 (엄한)

3. 개미처럼 열심히 일하는　　**4.** 바다처럼 넓다

5. 컴퓨터처럼 정확하니까요.

5 **1.** 공부해 보고 싶기는 하지만

2. 먹기는 먹었는데

3. 읽기는 했지만

4. 가기는 했는데

5. 재미있기는 하지만

6 **1.** 마음에 들기는 하지만

2. 사귀기는 하지만

3. 미국에서 살기는 했지만 영어는 잘 못해요.

(영어를 배우기는 했는데 잘 못해요.)

4. 운전 면허증이 있기는 하지만 (한데) 운전은 잘 못해요.

5. 저도 알기는 하지만 잘 안 돼요.

14 과

1 **1.** 영어를 할 줄 몰라요.

2. 수영을 할 줄 몰라요.

3. 자동차를 고칠 줄 몰라요.

4. 요리를 할 줄 알아요.

5. 태권도를 할 줄 알아요.

② 1. 스키를 탈 줄 알아요.　　2. 읽을 줄 몰라요.
3. 메시지 보낼 줄 모르는데　　4. 타이어를 끼울 (갈아 끼울) 줄 몰라서
5. 부를 (할) 줄 아는　　6. 한복을 입을 줄 몰라서
7. 바이러스를 치료할 줄 알면, 바이러스를 치료할 줄 몰라요.
8. 죽을 끓일 줄 몰라서…….

③ 1. 싼 (가벼운, 기능이 단순한) 편이에요.
2. 가까운 (친한, 자주 만나는) 편이
3. 쉬운 (어려운) 편이었어요.　　4. 추운 편이, 두꺼운 옷을 입고 가세요.
5. 조용한 (시끄러운) 편이에요.　　6. 괜찮은 (잘하는) 편이에요.

④ 1. 아니요, 어렸을 때는 키가 작은 편이었어요.
　　(네, 어렸을 때도 키가 큰 편이었어요.)
2. 한가한 편이에요.
3. 그래요? 그 정도면 많이 받은 편이었네요.
4. 자주 보는 편은 아니네요.

15 과

① 1. 산 게 아니라　　2. 하숙을 하는 게 아니라
3. 놀러 가는 게 아니라　　4. 먹는 게　　5. 자는 게 아니라

② 1. 맛이 없는 게 아니라　　2. 제가 담근 게 아니라　　3. 고장이 난 게 아니라
4. 마음에 안 드는 게 아니라 좀 비싸서 그래요.
5. 아픈 게 아니라 피곤해서 그래요.

③ 1. 마라톤 도중에 힘들어서 그만두었어요.
2. 횡단보도를 건너는 도중에 사고가 났어요.
3. 결혼식 도중에 신부가 쓰러졌어요.
4. 스키를 타는 도중에 넘어졌어요.
5. 컴퓨터로 일하는 도중에 정전이 됐어요. (전기가 나갔어요.)

복습 (11과 ~ 15과)

① 1. 로 2. 도 3. 가 4. 에 5. 말고
6. 으로, 로 7. 에게 8. 처럼 9. 하고 10. 에

② 1. 왠지, 그냥 2. 자꾸, 자주 3. 바로, 직접
4. 거의, 전혀 5. 갑자기, 급히

③ 1. 그러려면 2. 그런 게 아니라 3. 그러지 말고
4. 그러고 나서 5. 그래서 그런지 (그래 가지고) 6. 그래 가지고

16과

① 1. 송상현 씨가 자기 사무실은 3층이라고 해요.
2. 경찰이 그 사건은 아직도 조사 중이라고 해요.
3. 경비 아저씨가 내일 물탱크 청소를 할 예정이라고 해요.
4. 부동산 소개소 아저씨가 이 동네는 전세 값이 비싼 편이 아니라고 해요.
5. 약사가 따뜻한 차를 마시면 좋다고 해요.
6. 일기예보에서 내일 오후부터 비가 올 것 같다고 해요.
7. 정미 씨가 혼자서 여행해 본 일이 없다고 해요.
8. 제 동생이 수술한 데가 아프지 않다고 해요.

② 1. 전문 병원이라고 해서 2. 맛있는 집이라고
3. 재미있다고 해서
4. 날씨가 춥다고 해서 두꺼운 옷을 많이 준비했어요.

③ 1. 마당발이라고 합니다. 2. 술고래라고 합니다.
3. 맥주병이라고 합니다. 4. 호랑이라고 합니다.
5. 청개구리라고 합니다. 6. 책벌레라고 합니다.
7. 백과사전이라고 합니다.

④
1. 흡연석이라도 괜찮아요.
2. 온돌방이라도 예약해 주세요.
3. 모레라도 만나고 싶은데요.
4. 작은 선물이라도 보내 드리세요.
5. 잠깐이라도

⑤
1. 그럼, 가까운 곳이라도 다녀오세요.
2. 그거라도 빌려 주세요.
3. 이거라도 가져가시겠어요?
4. 집 근처에서 달리기라도 하세요.
5. 그럼 7시 표라도 주세요.

17 과

①
1. 할머니가 취미로 꽃을 키운다고 해요.
2. 그 회사 직원이 내일까지 신청서를 내야 한다고 해요.
3. 관리인이 문을 9시에 열고 7시에 닫는다고 해요.
4. 영진 씨가 요즘 혼자 산다고 해요.
5. 뒤에 앉은 학생이 소리가 잘 들리지 않는다고 해요.
6. 의사가 소화는 잘 되냐고 해요.
7. 어머니께서 이번 시험 성적은 어떠냐고 해요.
8. 처음 만나면 한국 사람들은 왜 한국에 왔냐고 해요.
9. 친구가 자기 문자 메시지를 받지 못했냐고 해요.
10. 동생에게 전화하니까 웬일이냐고 해요.

②
1. 고기를 먹지 않는다고 해서
2. 요리를 좋아한다고 해서 (음식 만드는 걸 좋아한다고 해서)
3. 어떻게 지내냐고 물어보셔서
4. 뭘 잘 먹냐고 하셔서

③
1. 백화점에 가는 길에
2. 빵집에 들러서 빵을 샀어요.
3. 친구와 한잔했어요.
4. 음료수를 사 오세요.
5. 가는 길이니까
6. 가는 길에 사려고 해요.

④
1. 친구를 만나러 가는 길이에요.
2. 여기 오는 길에 만났어요.
3. 집에 가는 길에 병원에 가야 해요. (쇼핑하러 갈 거예요.)
4. 여기 오는 길에 빵집에서 샀어요.
5. 근처에 오는 길에 잠깐 들렀어요.
6. 이따가 점심 먹으러 가는 길에 부칠 거예요.
7. 검도를 하러 가는 길에 먹고 가요.
8. 아니요, 독일에 가는 길에 프랑스 관광을 했어요.

18 과

①
1. 의사 선생님이 수술이 잘 됐다고 해요.
2. 옆집 할아버지가 젊었을 때 운동 선수였다고 해요.
3. 명훈 씨가 어렸을 때는 키가 크지 않았다고 해요.
4. 정화 씨가 문제가 있어서 결정을 아직 하지 못했다고 해요.
5. 비서가 사장님이 내일 오후에 출장에서 돌아오실 거라고 해요.
6. 안내 방송에서 모레 아침부터 수돗물이 나오시 않을 거라고 해요.
7. 강지원 씨가 다음 주에 출장을 가서 운동하러 오지 못할 거라고 해요.
8. 동생이 이사 갈 때 오래된 물건을 버리자고 해요.
9. 제 남자 친구가 다음 주에 자기 부모님께 인사하러 가자고 해요.
10. 하숙집 친구가 하숙집에서는 술을 마시지 말자고 해요.

②
1. 벌써 샀다고 해서
2. 친구가 입원을 했다고 해서
3. 다음 주에 축제가 있을 거라고 해서
4. 여러 가지 질문을 많이 할 거라고 해서
5. 시험이 쉬울 거라고 (쉽게 나올 거라고) 해서 그냥 보려고 해요.
6. 시원한 걸 먹자고 해서
7. 하자고 해서 하게 됐어요.

19 과

① **1.** 금년 한 해도 잘 보내셨습니까? 내년에도 건강하고 즐거운
해가 되시기 바랍니다.
2. 졸업을 진심으로 축하해요. 앞으로 사회에 나가서
훌륭한 일을 많이 하기 바랍니다.
3. 입원 소식을 듣고 많이 놀랐습니다. 하루 빨리 건강을
회복하시기 바랍니다.
4. 이번에 제가 작은 사무실을 열게 되었습니다.
시간이 있으면 참석하셔서 자리를 빛내 주시기 바랍니다.
5. 저희 두 사람이 이제 믿음과 사랑으로 앞날을 함께 하기로
했습니다. 참석하셔서 축복해 주시기 바랍니다.

② **1.** 119 구급차까지 불렀습니다.　　**2.** 경찰까지 왔어요.
3. 인라인 스케이트까지 타세요.

③ **1.** 식사까지 (술까지)　**2.** 춤까지 췄어요.　**3.** 토끼까지 키우고 있어요.
4. 확인까지 했는데요.　**5.** 노벨상까지 받은 작가인데요.

20 과

① **1.** 게임 때문에
2. 시끄러운 소리 (자동차 소리) 때문에 잠을 못 잤어요.
3. 냄새 때문에 창문을 열었어요.
4. 담배 연기 때문에 목이 아파요. (기침이 많이 나와요.)
5. 아이들 때문에 힘들어요. (피곤해요.)

② **1.** 의사 선생님이 엑스레이를 찍어 보라고 해요.
2. 명희 씨가 이 옷을 자기한테 팔라고 해요.
3. 상사가 근무 시간에는 게임이나 인터넷 검색을 하지 말라고 해요.
4. 후배가 자기한테 그런 부탁은 하지 말라고 해요.

5. 미라 씨가 이걸 정미 씨한테 주라고 해요.

6. 어머니가 가서 할머니를 도와 드리라고 해요.

7. 손님이 반찬을 더 달라고 해요.

8. 점원이 내일 다시 한 번 와 달라고 해요.

9. 경비 아저씨가 여기에 주차하지 말아 달라고 해요.

10. 사장님이 거래처에 물건 샘플을 보내 주라고 해요.

③ 1. 이 일을 오늘까지 끝내라고 해서

2. 아프니까 빨리 오라고 해서

3. 목걸이를 사 달라고 해서 사 주었어요.

4. 보여 달라고 해서 보여 주었어요.

5. 5만원을 올려 달라고 해서 올려 주었어요.

6. 말하지 말라고 해서 안 했어요.

7. 끼지 말라고 해서요.

복습 (16과 ~ 20과)

① 1. ③　　　　**2.** ③　　　　**3.** ①　　　　**4.** ④　　　　**5.** ②

② 1. 서류 때문에 → 서류이기 때문에

2. 만들어 주라고 → 만들어 달라고

3. 만지지 않으라고 → 만지지 말라고

4. 잠깐이나 → 잠깐이라도

5. 가는 길에서 → 가는 길에

③ 1. 제 생일이에요.　　　　　　　　**2.** 먹읍시다.

3. 특별히 먹고 싶은 것이 없어요.

4. 먹는 게 어떻습니까? (어때요?)

5. 고기는 안 좋을 것 같아요.　　　　**6.** 괜찮아요?

7. 비싸지 않아요?　　　　　　　　　**8.** 먹읍시다.

9. 적당한 것이 있으면 이야기해 보세요.　　　**10.** 만들어 주세요.

21 과

① **1.** 먹던　**2.** 차던　**3.** 하던　**4.** 따뜻하던　**5.** 사시던 곳이에요.

② **1.** 살던 친구예요.　**2.** 가던 카페가　**3.** 전에 일하던 직장에
4. 타던 차예요.　**5.** 키우던

③ (자유작문)

④ **1.** 100만 원을 빌려 줄 수 있냐고요?
(100만 원을 빌려 달라고요?, 얼마를 빌려 달라고요?)
2. 초대장을 보냈다고요?
3. 정 선생님이 쌍둥이를 낳았다고요?
4. 어디로 이민을 간다고요?
5. 뭐라고요? (누구라고요?, 누구를 바꿔 달라고요?),
정택수 씨를 바꿔 달라고요.
6. 어디라고요? (어디로 가 달라고요?, 어디로 가자고요?),
신촌으로 가 달라고요. (신촌으로 가자고요.)
7. 누가 온다고요?, 외할머니가 오신다고요.

22 과

① **1.** 제 생각대로 (계획대로, 생각한 대로)
2. 설명서대로 (설명서에 쓰여 있는 대로)
3. 마음대로 (하고 싶은 대로)　**4.** 제가 하는 대로
5. 들은 대로　　　　　　　**6.** 하는 대로 따라 해요. (시키는 대로 해요.)

② **1.** 생각나는 대로 (기억나는 대로)
2. 시키는 대로 하면 될 거예요.
(하라고 하는 대로 하면 큰 문제가 없을 거예요.)
3. 계획대로 합시다.　　　**4.** 그 약도대로 (그려 주신 대로) 가려고 해요.

3   1. 전화했던   2. 만났던   3. 먹었던, 맛있었던

      4. 나왔던   5. 컸던   6. 하려고 했던 (하고 싶었던)

4   1. 타던   2. 하던   3. 났던   4. 잃어버렸던   5. 했던

5   1. 있던

      2. 운동을 잘하던 (친구들을 잘 웃기던)

      3. 작년에 여행할 때 묵었던   4. 배웠던 걸

      5. 쓰던 물건들을 전시해 놓았어요.

      6. 어렸을 때 살던 (살았던)   7. 언니 결혼식 때 입었던 거예요.

6   1. 읽었을 뿐이에요.   2. 평사원일 뿐이니까

      3. 서너 명 초대했을 뿐이니까   4. 이야기를 하지 않았을 뿐인데

7   1. 거실과 식당을 조금 바꾸었을 뿐인데

      2. 넘어져서 피가 조금 났을 뿐이니까 (조금 다쳤을 뿐이니까)

      3. 배울 뿐이니까 잘 못해요.

      4. 친구로 만날 뿐이에요.

      5. 재미로 해 봤을 뿐이에요. (배워서 간단하게 만들어 봤을 뿐이에요.)

23 과

1   1. 나왔다면서요?   2. 춤을 추면서 노래를 불렀다면서요?

      3. 춤을 안 추었다면서요?   4. 당첨됐다면서요?

      5. 노래방에 갔다면서요? (노래방에 가서 놀았다면서요?)

2   1. 제가 집안일을 했어요.

      2. 간장을 넣었어요. (간장으로 간을 맞추었어요.)

      3. 그 대신에 재미있는 이야기를 해 드리겠어요.

        (노래를 부르는 대신에 다른 것을 하면 안 돼요?)

      4. 그 대신에 선물을 보내려고 해요.

5. 약 대신에 비타민 C와 오렌지 주스를 먹었어요.

6. 그냥 집에서 쉬려고 해요.

7. 교통이 편리한 (시설이 좋은) 대신에

8. 편리한 대신 답답하지 않아요?

9. 제가 일본말을 (영어를) 가르쳐 주는 대신에

10. 다음에 제가 도와 드리겠습니다. (맛있는 걸 사 드리겠어요.)

③ 1. 안전한 곳에서 놀게 하세요.

2. 책이나 사전을 보지 못하게 합니다.

3. 8시 이후에는 외출을 못하게 합니다.

(친구들을 데리고 오지 못하게 합니다.)

4. 벌금을 내게 하면 어떨까요?

5. 주차하지 못하게 했어요. (다른 곳에 주차하게 했어요.)

④ 1. 마중을 나가게 하려고 해요.

2. 남편이 운전을 못하게 (하지 못하게) 해요.

3. 매니저가 못 들어가게 했어요.

4. 하지 못하게 해요.

5. 의사가 술을 끊게 (못 마시게) 했다고 해요.

24 과

① 1. 아무리 읽어도 **2.** 아무리 닦아도 **3.** 아무리 커피를 마셔도
4. 아무리 운동을 해도 **5.** 아무리 옷을 많이 입어도

② 1. 장수창 씨가 곧 사업을 시작할 예정이래요.

2. 담당 의사가 할아버지 병이 가벼운 병이 아니래요.

3. 토니 씨가 새 하숙집이 깨끗하고 아주 편하대요.

4. 점원이 일요일에는 문을 열지 않는대요.

5. 수미 씨가 결혼하기 전에 남편과 10년 동안 사귀었대요.

6. 저 아이가 무서워서 예방 주사를 맞지 않았대요.

7. 유 과장님이 다른 일이 많아서 모임에 참석하지 못할 거래요.

8. 어제 만난 아줌마가 저에게 왜 한국에 왔내요.

9. 교수님이 한국 대학 생활이 어떠내요.

10. 선배가 같이 일해 보재요.

11. 언니가 스키복은 빌려 입어도 되니까 사지 말재요.

12. 아저씨가 위험하니까 올라가지 말래요.

13. 영애가 자기가 사무실에 없으면 집으로 연락해 달래요.

14. 교장 선생님이 학생들에게 영어 노래를 가르쳐 주래요.

3 **1.** 급한 일이 생겨서 오시지 못한대요.

2. 음식을 조심하래요.

3. 그냥 오래요. (준비하지 말래요.)

4. 사장님이 갑자기 출장을 가시게 돼서 연기가 됐대요.

4 **1.** 돌리면 돼요.   **2.** 갈면 (갈아 주면) 돼요.   **3.** 끼우면 돼요.

4. 맞추면 돼요.   **5.** 꽂으면 (끼우면) 돼요.

5 **1.** 이름 옆에 서명을 하면 돼요. (제일 아래에 하면 돼요.)

2. 버리면 돼요.

3. 20분 전에 나가면 돼요. (조금 이따가 나가면 돼요.)

4. 보관하면 돼요. (넣어 두면 돼요.)

5. 우회전하면 돼요. (오른쪽으로 가면 돼요.)

25 과

1 **1.** 꽃병에 꽂아 놓았어요.   **2.** 차려 (준비해) 놓았어요.

3. 해 놓지 못했어요. (못해 놓았어요.)   **4.** 빨아 (세탁해) 놓았어요.

5. 써 놓지 않았어요.

2 **1.** 열어 놓고   **2.** 사 놓을 테니까   **3.** 켜 놓아도 (켜 놓았는데)

4. 만들어 놓으면   **5.** 봐 놓은

③ 1. 기차표를 예매해 놓았어요. 2. 생각해 놓아야 해요. (놓으세요.)
3. 사 놓지 않았는데요. 4. 미리 약속을 해 놓고
5. 해 놓으세요.

④ 1. 일찍 집에 가셔야겠네요. 2. 저도 봐야겠네요.
3. 병원에 가 봐야겠네요. 4. 구경하러 가야겠네요.
5. 미리 사 놓아야겠네요.
6. 전화라도 해 봐야겠네요. (만나서 위로해 주어야겠네요.)
7. 조심을 해야겠네요. 8. 간장(소금) 좀 더 넣어야겠네요.

⑤ 1. 시험을 본다니요? (5분 테스트라니요?)
2. 결혼하자니요? (결혼해 달라니요?)
3. 수술이라니요? (수술하는 게 좋을 것 같다니요?)
4. 이 가방이 가짜라니요? (가짜 같다니요?)
5. 고생이라니요?
6. 폐라니요?
7. 내려가자니요?
8. 태준 씨를 좋아하냐니요? (태준 씨를 좋아한다니요?)

복습 (21과 ~ 25과)

① 1. 받은 2. 재미있었던 3. 뭐라고요? 4. 받았다면서요?
5. 하면 6. 소나기 때문에 7. 정기휴일이기 때문에

② 1. 이번 시험을 보는 대신에 보고서를 냈어요.
2. 그 사람과는 특별한 관계가 아니라 회사 친구일 뿐이에요.
3. 홍 과장에게 그 문제를 조사하게 했어요.
4. 제 동생은 아무리 밥을 많이 먹어도 살이 찌지 않아요.
5. 표를 만들고 싶으면 여기를 클릭하면 돼요.

③ 1. 사진을 찍지 말라는 (사진을 찍으면 안 된다는)

2. 물빨래해도 된다는 의미입니다.

3. 횡단보도라는 (길은 건너는 곳이라는, 여기에서 길을 건널 수 있다는)

4. 쓰레기를 버리지 말라는

5. 손대지 말라는 (손대면 안 된다는)

6. 가지 말라는 (멈추라는, 가면 안 된다는)

7. 당신을 사랑한다는   **8.** 흐리고 비가 온다는

9. 조용히 하라는   **10.** 시험에 떨어졌다는

④ **1.** 닦아   **2.** 빨면   **3.** 말려야겠네요.   **4.** 쓸게

 5. 다려서   **6.** 담아   **7.** 털라고   **8.** 버리면

26 과

① **1.** 평일뿐만 아니라

 2. 일상회화뿐만 아니라

 3. 분위기도 좋을 뿐만 아니라

 4. 잘 안 될 뿐만 아니라

 5. 빠를 뿐만 아니라 (쌀 뿐만 아니라)

② **1.** 단어 뿐만 아니라 발음도 어려워요.

 2. 그 일뿐만 아니라 다른 일도 많아서 정신이 없어요.

 3. 교통이 편리할 뿐만 아니라 환경이 좋아서 비싼 것 같아요.

 4. 음식도 맛이 없을 뿐만 아니라 시끄러워서요.

③ **1.** 가르쳐 주었잖아요. (설명해 줬잖아요.)

 2. 물가가 많이 올랐잖아요.

 3. 크리스마스이브잖아요. (내일이 크리스마스잖아요.)

 4. 제가 요즘 지방 출장을 자주 가잖아요. (빠르고 편리하잖아요.)

 5. 환경이 나빠졌잖아요.

 6. 싸고 편리하잖아요.

 7. 토요일엔 길이 막히잖아요.

27 과

①
1. 컴퓨터를 켜자마자 이상한 소리가 났어요.
2. 이 카메라는 찍자마자 사진이 나와요.
3. 그 여자는 대학교를 졸업하자마자 결혼을 했어요.
4. 버스를 타자마자 버스가 고장이 났어요.
5. 문자 메시지를 보내자마자 답장이 왔어요.

②
1. 5시 표로 주세요.
2. 하얀색으로 보여 주세요.
3. 돈으로 드리는 게 좋지 않아요?
4. 현금으로 (10만 원짜리 수표로) 주세요.
5. 일시불로 하겠습니다.
6. 정기 예금으로 하겠어요.
7. 야채수프로 주시고, 홍차로 주세요.
8. 노트북 컴퓨터로 살 거예요.

③
1. 나가신　　2. 간　　3. 자는　　4. 하는　　5. 비운

④
1. 제가 낮잠을 자는 사이에
2. 엄마가 집안일을 하는 사이에
3. 물건을 고르는 사이에
4. 친구하고 통화하는 사이에
5. 제가 잠깐 외출한 사이에
6. 칠판에 쓰는 사이에
7. 제가 학교에 간 사이에
8. 여행을 가신 사이에

28 과

①
1. 시베리아만큼 추워요. (하와이만큼 아름다워요.)
2. 젊은 사람만큼 건강하세요. (호랑이만큼 무서우세요.)
3. 모기 소리만큼 작아요. (천둥소리만큼 커요.)
4. 학생 때만큼 열심히 공부해요. (10년 전만큼 자유롭게 살고 싶어요.)
5. 생각만큼 멋있었어요. (소문만큼 이상하지 않았어요.)

②
1. 필요한 (쓸, 가져가고 싶은) 2. 하는 만큼
3. 생각한 만큼 잘 나오지 않았어요. (지난번만큼 좋지 않았어요.)
4. 먹을 만큼 준비해야 해요. 5. 알아보지 못할 만큼 변했어요.

③
1. 방법에 따라 2. 결과에 따라 3. 취향에 따라
4. 적성에 따라 5. 사정에 따라 6. 기간에 따라

④
1. 달에 따라 다르니까 2. 경우(집안, 사람)에 따라 다르니까
3. 버스 종류에 따라 조금씩 달라요. 4. 지역에 따라

29 과

①
1. 창문을 닫는 걸 깜빡 잊어버렸어요.
2. 가방을 가지고 내리는 걸 깜빡 잊어버렸어요.
3. 우표를 붙이는 걸 깜빡 잊어버렸어요.
4. 여자 친구 생일인 걸 깜빡 잊어버렸어요.
5. 어제 중학교 동창 모임이 있는 걸 깜빡 잊어버렸어요.

②
1. 세금 내는 걸 깜빡 잊어버렸어요.
2. 이름 쓰는 걸 깜빡 잊어버리고
3. 약을 먹는 걸 자주 잊어버려서
4. 복사하는 걸 깜빡 잊어버렸어요.
5. 지갑을 가지고 오는 걸 (문을 잠그는 걸) 깜빡 잊어버렸어요.
6. 설탕(간장, 마늘)을 넣는 걸 깜빡 잊어버린 것 같아요.
7. 연락하는 걸 깜빡 잊어버렸어요.
8. 영수증을 받는 걸 깜빡 잊어버렸어요.

③
1. 새 모델이 나오는 대로 (보너스를 받는 대로)
2. 사장님이 오시는 대로
3. 일이 끝나는 대로
4. 졸업을 하는 대로 (직장을 구하는 대로)
5. 이 편지를 받는 대로

④ **1.** 들어오시는 대로 전화 좀 해 달라고 전해 주세요.
2. 안개가 걷히는 대로 (날씨가 개는 대로) 출발할 수 있을 거예요.
3. 제가 다 읽는 대로 빌려 드리겠어요.
4. 돈이 생기는 대로 갚겠습니다.
5. 좋은 집을 찾는 대로 이사할 거예요.

⑤ **1.** 비가 와야   **2.** 만나야 이야기를 해 볼 텐데…….
3. 써 봐야 (연습해야)   **4.** 혼자 살아 봐야
5. 제가 직접 봐야   **6.** 국제 운전 면허증으로 바꿔야

30 과

① **1.** 지금이 여름이라면 바다에서 수영을 할 수 있을텐데…….
지금이 겨울이라면 스키를 타러 가고 싶어요.
2. 내가 백만장자라면 가난한 사람을 도와 주고 싶어요.
내가 인기 배우라면 팬들을 자주 만나겠어요.
3. 그 소문이 사실이라면 모두 놀랄 것 같아요.
그 소문이 거짓말이라면 정말 화가 나는데요.
4. 제가 우리 어머니라면 아이들과 같이 많이 놀아 주었을 거예요.
제가 우리 아버지라면 주말에는 집에서 쉴 거예요.
5. 제가 대통령이라면 국민들을 행복하게 해 줄 겁니다.
제가 우리 회사 사장이라면 휴가를 더 많이 줄 겁니다.

② **1.** 10살 이상이라면   **2.** 간단한 음식이라면
3. 쉬운 책이라면 (어려운 책이 아니라면) 읽을 수 있을 거예요.
4. 좋은 거라면 50만 원 이상 할 것 같은데요.
(아주 비싼 게 아니라면 20만 원 정도 해요.)
5. 급한 일이 아니라면 내일 이야기합시다.

③ **1.** 바다로 (가까운 데로) 가기로 했어요.   **2.** 연기하기로 했어요.
3. 열심히 하기로 했어요.   **4.** 맡기기로 했어요.

5. 만나기로 했으니까 (했는데)

④ **1.** 공부를 시작하기로 결심했어요.

2. 2년으로 하기로 했어요.

3. 고기를 안 먹기로 (야채만 먹기로) 했어요.

4. 친구들에게 나누어 주기로 약속했어요.

5. 영어를 배우기로 했는데

복습 (26과 ~ 30과)

① **1.** 으로　**2.** 랑　**3.** 로　**4.** 만큼　**5.** 에　**6.** 라도　**7.** 까지

② **1.** 아들이 친구들을 데리고 와서 놀았어요.

2. 이사를 하려고 해요. (수리하고 이사할 거예요.)

3. 메모를 남겨 놓습니다.　**4.** 급한 연락이 왔어요.

5. 일도 열심히 하지 않아요.　**6.** 술을 따라 줍니다.

③ **1.** 피터 씨는 한국말을 잘할 뿐만 아니라 중국말도 잘해요.

2. 어제 친구와 여행 계획을 세웠는데 7월 말에 유럽으로 배낭여행을 가기로 했어요. (7월 말에 유럽으로 배낭여행을 가기로 친구와 계획을 세웠어요.)

3. 사투리는 지방에 따라 다릅니다.

4. 결과가 나오는 대로 연락을 드리겠어요.

5. 예정이 바뀔 경우에는 알려 주세요.

6. 다시 일을 시작할 만큼 건강이 회복되지 않았어요.

7. 눈이 내리자마자 녹았어요.

8. 열심히 돈을 모아야 집을 살 수 있어요.

④ **1.** 필요한, 쓸　**2.** 들은　**3.** 돌아오시는　**4.** 하기로　**5.** 읽었을

⑤ **1.** 길에　**2.** 도중에　**3.** 사이에　**4.** 경우에　**5.** 대신에

교재 집필

가나다한국어학원 교재 연구부

일러스트
야하타 에미코(八幡 惠美子)

가나다 KOREAN
WORKBOOK 중급 1

초판발행_ 2006년 07월 10일
초판6쇄_ 2013년 02월 25일
지은이_ 가나다한국어학원
펴낸이_ 엄태상
펴낸곳_ Korea LanguagePLUS®
책임편집_ 이주영
표지디자인_ 이건화
등록일자_ 2000년 8월 17일
등록번호_ 제 1-2718 호
주소_ 서울시 강남구 역삼동 826-28 범추빌딩 14층
전화_ 교재 내용문의 (02) 764-1009
     교재 주문문의 (02) 3671-0595
팩스_ (02) 3671-0500
홈페이지_ http://www.langpl.com
이메일_ info@langpl.com

ISBN 978-89-5518-376-4 14710
      978-89-5518-378-8 14710(set)